नारी के रूप

शरद पगारे

वाणी प्रकाशन

वाणी प्रकाशन

4695, 21-ए, दरियागंज, नयी दिल्ली 110 002

शाखा

अशोक राजपथ, पटना 800 004

फ़ोन: +91 11 23273167 फ़ैक्स: +91 11 23275710

www.vaniprakashan.in
vaniprakashan@gmail.com

NARI KE ROOP
by Sharad Pagare

ISBN : 81-7055-711-9
Collection of Stories

प्रथम संस्करण 2000
द्वितीय संस्करण 2010
मूल्य : ₹100

आर. टेक ऑफ़सेट, दिल्ली-110095 में मुद्रित

वाणी प्रकाशन का लोगो मक़बूल फ़िदा हुसेन की कूची से

अनुक्रम

सांध्य तारा

"स्वामिनी की जय हो ! देवी, राजवैद्य जीवक आपके स्वास्थ्य के परीक्षण हेतु पधारे हैं। सम्राट ने स्वयं उन्हें भिजवाया है।" बड़े आदर से प्रणाम करते हुए दास भवनाग ने सूचना दी।

जीवक ने सुंदर एवं कोमल शैया पर अड़तालीस वर्षीया प्रौढ़ा राजनर्तकी को लेटा पाया। बंद नेत्रों के नीचे काले घेरे फैल गए थे। गौरवर्णीय मुख की लालिमा पीली पड़ गयी थी। देह की कमनीयता में फीकापन आ गया था। केशों में कई दिनों से सुगंधित तेल न होने से वे सूख गये थे। अंगराग के बिना मगध की श्रेष्ठतम सुंदरी श्रीहीन लगी। वय ढलान पर होने से गात शिथिल था। इतने पर भी उसमें एक आकर्षण था। दो-तीन दासियाँ हाथ बाँधे खड़ी थीं। एक पंखा झल रही थी। तिपाइयों पर सुस्वादु फल, स्वर्ण झारी में सुवासित जल एवं प्याले रखे थे।

जीवक का नाम अमृत बिंदु-सा कर्णफूलयुक्त कानों से आत्मा में टपक गया। चेतना लौटने लगी। बड़ी-बड़ी पलकें धीरे-धीरे खुलने लगीं। सामने खड़ा तरुण अत्यंत ही मोहक था—कंधों तक फैले सुंदर केश, कानों में कुंडल, भुजबंध, चौड़ी छाती पर रत्नजटित हार। उन्नत नासिका, उँगलियों में रत्नजड़ित अँगूठियाँ, बड़े-बड़े नेत्र, लगा युवराज बिंबसार खड़े हैं। सभ्रम, उठ बैठने का प्रयत्न करने लगी, पर देह की दुर्बलता साथ नहीं दे रही थी, फिर भी अधलेटी-सी बैठने में सफल हो गई। निर्निमेष दृष्टि से राजगृह के उस बहुचर्चित एवं बहुप्रशंसित युवक की सुंदरता का पान करने लगी।

"देवी, कष्ट न करें। लेटी रहें।" राजवैद्य की सुमधुर वाणी ने उन्हें रोक दिया, "हम ऐसे ही परीक्षण कर लेंगे।"

"स्वा...मि...नी...," दासी रत्नप्रभा ने आगे बढ़ कर सहायता करनी चाही। हाथ के हलके संकेत से उसे रोक दिया।

'हमारा प्रणाम स्वीकारें राजवैद्य।' राजनर्तकी की वाणी शिथिल थी।

"आप यह क्या कह रही हैं देवी। आप तो हमारे लिए मातृ-तुल्य हैं। किसी

भी औपचारिकता की आवश्यकता नहीं है देवी ?" बड़ी श्रद्धा से जीवक ने उत्तर दिया।

मातृ शब्द सुनते ही शालवती की आत्मा में ममत्व का ज्वार उमड़ आया। लगा वक्ष में दूध उतर आएगा। नेत्रों में एक नई चमक आ गई। तृप्ति के सुख से मुख आलोकित हो उठा। इच्छा हुई, तत्काल उठ खड़ी हो और उस सिर को खींच कर वक्ष से लगा ले। जिस मातृत्व सुख के लिए इतने वर्षों से उसकी आत्मा में विकलता का ज्वालामुखी धधक रहा है, उसे शांत कर ले। पर क्या यह संभव था ? उसने शीघ्र ही अपनी भावनाओं पर नियंत्रण कर लिया। थकी-सी लेट गई। अधखुले नेत्रों से जीवक के व्यक्तित्व का पान करने लगी।

इस छोटी-सी हलचल से जीवक समझ गए कि राजनर्तकी की जिजीविषा प्रबल है। अतः शीघ्र स्वास्थ्य लाभ की संभावना है। वह झुक कर उदर, नेत्र, नाड़ी आदि का परीक्षण करने लगे। जीवक का हर स्पर्श शालवती की आत्मा में अमृत की वर्षा करने लगा। मातृत्व की स्निग्ध आभा मुख पर उभर आई :

"अब...जीने की...इच्छा नहीं रह गई है...पु..." राजनर्तकी ने जीभ काट ली, "...व...तृ...स।" उसने बात पूरी की।

एक मीठी-मोहक मुस्कान जीवक के होठों पर फैल गई। नाड़ी परीक्षण करते हुए बोले, "आप हमें पुत्र कह सकती हैं देवी।" वह जानते थे कि हर नारी की आत्मा में एक माँ होती है, चाहे वह गणिका ही क्यों न हो ? मातृत्व का सुख उठाने को विकल शालवती की सबसे बड़ी औषधि यही है। उन्होंने बात आगे बढ़ाई, "यह तो हर नारी का अधिकार है। यही तत्व तो उसे श्रेष्ठ बनाता है।"

शालवती ने उत्तर नहीं दिया। आँसू की कुछ बूंदें कपोलों पर लुढ़क गईं। जीवक ने बड़े स्नेह से अपने रेशमी उत्तरीय से उन्हें पोंछ दिया। जीवक को अपलक निहारती शालवती इतना ही कह पाई, "हमं आपके आभारी हैं वत्स।"

"आप तो राज्य का गौरव, उसकी अमूल्य संपत्ति हैं देवी। आपकी रक्षा करना प्रत्येक का कर्तव्य है।" परीक्षण कर रहे जीवक ने उत्तर दिया।

"राज्य...का...गौरव...उसकी...संपत्ति...अमूल्य...संपत्ति...हाँ..." शालवती बुदबुदाई। वह राज्य की संपत्ति ही तो है। राज्य ने वर्षों पहले उसे, उसके माता-पिता से खरीद लिया था। कब ! उसे स्मरण नहीं। शायद पैदा होने के कुछ माह बाद ही। विष-कन्याएँ पालना, गणिका रखना राज्य का विशेषाधिकार जो है। राज्य रूपी यंत्र का एक पुर्जा मात्र है वह। कौन उसके माता-पिता थे ? किस गाँव या नगर की वह रहने वाली है ? इसका पता उसे आज तक नहीं है। जो भी व्यक्ति उसे खरीद कर लाए, उनका भी आज पता नहीं है। वे मर गए या मार दिए गए, क्या मालूम ? वह तो चित्रावली को ही अपनी माँ और राजनर्तकी के प्रासाद को ही अपना घर समझती रही। समझदार होने पर उड़ती-उड़ती चर्चाओं ने सत्य से उसका साक्षात्कार कराया। कई दिन बड़ी

व्याकुलता में बिताए। पर अनेक बातें अपनी शक्ति, सीमा और अधिकार से परे होती हैं। मन धीरे-धीरे उनसे समझौता कर लेता है, एक कड़वाहट के साथ।

वह तो राज्य की महान् कृपा थी, जो उसे विष-कन्या नहीं बनाया, अन्यथा अपना ही जीवन जल्लाद-सा लगता। राज्य की इस कृपा के लिए क्या उसे राज्य का ऋणी, कृतज्ञ नहीं होना चाहिए ? एक विष के साथ वह जी रही थी। अपनी देह से ऋण चुका रही थी। एक कड़वाहट उसके सुंदर आनन पर फैल गई। परीक्षण में डूबे जीवक उस बुदबुदाहट को पकड़ नहीं पाए। शालवती ने आँखें मूँद लीं।

परीक्षण समाप्त करने के बाद जीवक के मुख पर हल्की-सी चिंता की रेखाएँ उभर आईं, पर उन्होंने उसे शीघ्र दबा, स्मित से कहा, "चिंता की कोई बात नहीं है देवी। हम औषधि भेजे देते हैं। ईश्वर की कृपा हुई तो आप शीघ्र स्वास्थ्य लाभ करेंगी। भवनागजी हमारे साथ आइए, पथ्य, भोजन आदि के विषय में भी आपको सूचना भेज दूँगा देवी।" बड़ी श्रद्धा से जीवक ने प्रणाम किया।

"प्रभु आपको चिरायु करें। आपका यश इतिहास की धरोहर बने, यही हमारा आशीष है...पुत्र !" इस बार वह अपने को रोक न पाई, पर एक झिझक के साथ आशीर्वाद दिया।

एक बार पुनः आदर और श्रद्धा से प्रणाम कर जीवक चल दिए। जाते जीवक की चौड़ी पीठ. रेशमी वस्त्रों और गौरवर्णीय देह की आभा को अपलक देखती रही। भवनाग सादर अनुगमन कर रहा था।

उसे लगा जीवक नहीं, युवराज बिंबसार अभी-अभी यहाँ से गए हैं। वह दिन आज भी उसकी स्मृति में जीवित है। वह तो उसके जीवन का सुनहरी पृष्ठ है। वह नृत्य के अभ्यास में डूबी हुई थी। राजनर्तकी चित्रावली उसकी प्रत्येक भंगिमा, पग संचालन, वाद्यों की ताल पर उसके नृत्य का बारीकी से निरीक्षण कर रही थी। नृत्य के आचार्य वैदेही चरण की सतर्क दृष्टि भी शालवती पर थी। बीच-बीच में वह ताल भी देते जा रहे थे। दोनों भावी राजनर्तकी को तैयार जो कर रहे थे।

शालवती की लगन और परिश्रम ने सभी को प्रभावित किया। कठोर परिश्रम के कारण रेशमी कंचुकी पसीने से भीग गई। लाल मुखमंडल और सुंदर-से नासापुटो पर पसीने की नन्ही-नन्ही बूंदें मोती-सी चमकने लगीं। नृत्य की भंगिमा में घूम कर जैसे ही वह गायक की तान, वीणा, बंशी, मृदंग की थाप के साथ, सम पर घुँघरुओं से सजे, अलस्तक से युक्त लाल गोरे पग, छम से रुके तो शालवती की कटि, नितंब, वक्ष सारी देह लहरा गई।

"वाह...वाह...आह...सुंदर...अति...सुंदर..बिटिया..." चित्रावली, वीणावादक, अन्य संगीतज्ञों, उपस्थित दास-दासियों ने समवेत स्वरों में अपनी प्रशंसा को व्यक्त किया। शालवती का वक्ष गर्व से फूल उठा। प्रसन्नता की लहर मुख पर दौड़ गई।

प्रशंसात्मक स्वरों की समाप्ति के पहले ही प्रशंसा का नया स्वर सुनाई देने

लगा, "...साधु...वाद...साधु...वाद...धन्य है...देवी...शालवती...धन्य है !"

वह अचकचा गई।

"देवी चित्रावली...बधाई...भावी राजनर्तकी का चयन एवं प्रशिक्षण सर्वोत्तम है। स्वर्ग की अप्सरा उर्वशी से वे कम नहीं है।" युवराज बिंबसार की प्रशंसा और उपस्थिति ने सभी को चकित एवं भयभीत कर दिया। सभी सादर उठ खड़े हुए। वाद्य-वादकों, गायक, नृत्याचार्य ने झुक कर प्रणाम किया। शालवती के मुख पर लज्जा की लाली दौड़ गई। प्रणाम करना भूल, सिर नीचा किए खड़ी रही।

"पधारिए युवराज ! स्वागतम् ! स्वामी ने कैसे कष्ट किया ? आदेश देते तो दासी स्वयं उपस्थित हो जाती।" अचानक के इस धक्के को चित्रावली ने तत्काल सँभाल लिया। चतुर गणिका ने मीठी मुस्कान से युवराज का स्वागत किया।

"अरी मदनिका। खड़ी क्या है ? देव के लिए आसंदी तो ला। फल, तांबूल, द्राक्षासव का तत्काल प्रबंध तो कर।" चित्रावली व्यस्त हो उठी। दासियों में भगदड़ मच गई। चित्रावली स्वागत तो कर रही थी, पर मन ही मन डर भी रही थी। मगध सम्राट हेमजित का कठोर आदेश था कि जब तक समस्त शास्त्रों एवं शस्त्रों, राजनीति, कूटनीति, शासन-प्रबंध आदि में युवराज पारंगत न हो जाएँ, नृत्य, संगीत, मनोरंजन, विशेष कर राजनर्तकी का प्रासाद उनके लिए वर्जित और प्रतिबंधित रहेगा। एक कठोर प्रशिक्षण के दौर से वे गुजर रहे थे।

चित्रावली के प्राण सांसत में थे। एक ओर सम्राट के कड़े आदेश तो दूसरी ओर थे युवराज बिंबसार-मगध के भावी सम्राट। उसे एक बात का संतोष था कि राजनर्तकी बनने से पहले ही शालवती के रूप, गुण, नृत्य और संगीत की सुगंधि राजधानी राजगृह में फैलने लगी थी। यह उसकी सफलता का चिन्ह था।

युवराज के आगमन को गोपनीय बनाए रखने के उद्देश्य से चित्रावली उचित प्रबंध में लग गई। दास-दासियों, प्रहरियों को कड़े आदेश दिए गए कि वह युवराज के आगमन की चर्चा कहीं न करें। वह समझ गई कि शालवती के सौंदर्य-जाल में फँसने के बाद युवराज का उनके भवन में आगमन पहला और अंतिम नहीं रहेगा। वे जल्दी-जल्दी आया करेंगे।

कक्ष में अब वे दोनों अकेले थे—अपरिपक्व एवं संकोच में डूबे हुए। बिंबसार साहस कर आ तो गए पर समझ नहीं रहे थे कि आरंभ कहाँ से करें। शालवती वैसे ही खड़ी थी—नतशिर। मखमली आसंदी पर बैठे युवराज चोर दृष्टि से उसके सौंदर्य का पान कर रहे थे। अतृप्ति थी कि बढ़ती जा रही थी। मदनिका कब फल, द्राक्षासव आदि चुपके से रख गई, दोनों को पता ही न चला।

पहल बिंबसार ने ही की, "ख...ह...", उन्होंने गला साफ किया और स्वर को कोमलतम बनाते हुए बोले, "देवी ! आसन ग्रहण करें।"

शालवती लज्जा से गड़ गई। उसकी सुंदरता द्विगुणित हो उठी। इच्छा हुई,

तुरंत अपने कक्ष में भाग जाए और द्वार बंद कर ले। दिल जोरों से धड़क रहा था। डर भी रही थी कि कहीं राजपुरुष के प्रति कोई अशिष्टता न हो जाए। किसी पर-पुरुष के साथ एकांत में रहने का पहला अवसर था। चुपचाप खड़ी रही। पुतली-सी।

"आसन ग्रहण करिए ना ?" जब इस प्रार्थना का भी कोई प्रभाव न पड़ा तो बिंबसार ने उठ कर उसकी कोमल कलाई थाम ली। शालवती घबरा गई। देह में बिजली दौड़ गई। इसकी तो उसने कल्पना भी नहीं की थी। हाथ छुड़ाकर अपने कक्ष में भाग गई। द्वार बंद कर शैया पर औंधी गिर पड़ी। न रो रही थी, न प्रसन्न थी, मात्र घबराहट से देह काँप-काँप जाती थी।

युवराज मुस्कराए, शालवती की यह भंगिमा उन्हें और भा गई। चुपचाप चल दिए। बाहर बैचेन, चहल-कदमी करती चित्रावली ने जब इतने शीघ्र युवराज को आते देखा तो डर गई, "इतने शीघ्र वापस जा रहे हैं प्रभु ?"

"हाँ देवी, हमें एक आवश्यक कार्य का स्मरण हो आया। हम पुनः आएँगे।" बड़ी शालीनता से, जाते-जाते बिंबसार ने उत्तर दिया।

चालाक चित्रावली समझ गई कि शालवती की लज्जा और नारियोचित संकोच युवराज से मित्रता में बाधक है। वह तुरंत शालवती के कक्ष में पहुँची और समझाने-बुझाने लगी, "देख बेटी शाल ! युवराज का तेरे जीवन में पदार्पण एक शुभ संकेत है। तुम्हें यह बताने की आवश्यकता नहीं कि वे मगध के सम्राट बनेंगे। देख पगली, यदि अभी से वे तुझसे बँध जाते हैं तो निश्चय ही तेरा कल्याण ही होगा। तेरे जीवन में वे सांध्य-तारा से उदित हुए हैं। तुझे इसका भरपूर लाभ उठाना चाहिए।" वह उसकी पीठ पर बड़े प्यार से हाथ फेरने लगी।

वैसे भी शालवती अपने से संबंधित निर्णयों के लिए पूरी तरह से चित्रावली पर ही निर्भर थी। दो अपरिपक्वों को निकट लाने में चित्रावली ने महत्वपूर्ण भूमिका निभाई। जो काम बिंबसार को पर्वत पर चढ़ने जैसा कठिन लग रहा था, वह चित्रावली की चतुराई से सरल हो गया।

युवराज का चोरी-चुपके, गुप्त मार्ग से राजनर्तकी के यहाँ आना-जाना बढ़ गया। शालवती स्वप्नलोक में विचरण करने लगी। पर यह स्थिति अधिक दिनों तक नहीं चल सकी। अपने गुप्तचरों से सम्राट को युवराज के प्रणय व्यापार का पता चल ही गया। स्थिति नियंत्रण से बाहर हो, इससे पहले ही युवराज को उच्च अध्ययन के लिए विश्वस्त सेवकों के साथ तक्षशिला भिजवा दिया गया।

एक झटके में शालवती का सुंदर सपना टूट गया, पर टूटते-टूटते अपनी निशानी कोख में छोड़ गया। चित्रावली चिंतित हो उठी। सम्राट को पता चल जाने पर भयंकर परिणाम हो सकता था। एक भय, व्यग्रता उसे सतत घेरे रहती। शालवती अपने में ही मगन थी। उसे सबसे छिपा कर एक कक्ष में बंद कर दिया गया। प्रसव वेदना से मूर्छित शालवती की संतान को प्रासाद के बाहर चोरी-चुपके भिजवा दिया गया।

शालवती को पता भी न चला कि वह पुत्री या पुत्रवती हुई है। उसे तो मरे हुए बालक की सूचनामात्र दी गई। कई दिनों तक वह अपनी कोख और आत्मा में एक टीस का अनुभव कर रोती रही। वह विद्रोह करना चाहती थी, पर यह संभव न था। वह कसक जिंदगी का काँटा बन गई।

उसे लगा कि आज उसकी संतान जीवित होती तो जीवक जितनी ही होती। सोच-विचार में वह डूब-उतरा रही थी कि तंद्रा अचानक टूट गई।

''स्वामिनी, अशिष्टता के लिए क्षमा करें।'' भवनाग भाव-विचलित था। शालवती की उदास दृष्टि उसे घूरने लगी।

बड़े साहस से उसने बात आगे बढ़ाई, ''स्वामिनी...म...मैं...कुछ निवेदन करना चाहता हूँ ? बात अत्यंत महत्व की, परंतु गोपनीय है।''

शालवती के संकेत पर दासियाँ प्रणाम कर बाहर चली गईं। भवनाग ने सावधानी से द्वार बंद किए और शैया के अत्यंत निकट जा पहुँचा। आज दिनांक तक उसने इस प्रकार की अशिष्टता या दुस्साहस नहीं किया था। शायद बात अत्यंत गंभीर थी, इसीलिए शालवती ने सह लिया।

''स्वामिनी...क्षमा...राज...वैद्य...मेरा...अर्थ है जीवकजी...'' वह रुका, ''आपके पुत्र ही हैं।'' एक साथ उगल कर अपराधी-सा सिर नीचा किए खड़ा रहा।

''ये...य...क्या...कह रहे हो भवनाग ?'' लगभग चीखती-सी सारी दुर्बलता फेंक वह उठ बैठी और भवनाग का कंधा हिलाते हुए बोली, ''तुम जो कह रहे हो, उसकी गंभीरता, महत्व जानते हो ना ?''

''हाँ स्वामिनी, यह सत्य है। राजनर्तकी बनने के पूर्व आपने जिस बालक को जन्म दिया था, वह जीवक ही हैं। प्रसव के बाद आप मूर्छित हो गई थीं। इस अवसर का लाभ उठाते हुए स्वामिनी चित्रावली ने चुपके से एक वस्त्र में लपेट कर बालक को घूरे पर फेंकने हेतु मुझे दे दिया था, पर बालक के मोहक रूप ने मुझे बाँध लिया। मैंने उसे संतानहीन ब्राह्मण श्वेतकेतु को पालने के लिए दे दिया। बालक प्रतिभाशाली था। राज्य ने उसके अध्ययन हेतु छात्रवृत्ति का प्रबंध कर दिया। शल्य क्रिया और औषधि विज्ञान का उच्च अध्ययन तक्षशिला विश्वविद्यालय से उसने प्राप्त किया। अब वे मगध के ही नहीं, समस्त भारत के सर्वश्रेष्ठ चिकित्सक हैं। उनकी कीर्ति तथागत बुद्ध, महावीर स्वामी, वत्सराज उदयन एवं सम्राट...,'' एक पल वह रुका, ''बिंबसार से किसी प्रकार कम नहीं। वह इन सभी के चिकित्सक भी हैं ?''

भवनाग का प्रत्येक शब्द उसकी आत्मा को मथ ही नहीं रहा था, आलोड़ित भी कर रहा था। दिल जोर से धड़कने लगा। रक्तचाप बढ़ गया। विकलता से पलंग पर लोटने लगी। थोड़ी देर बाद दीर्घ श्वास ले बोली, ''हमारी एक प्रार्थना स्वीकार करोगे भवनाग ? एक बार फिर हम जीवक को, अपने पुत्र को देखना चाहती हैं। पर...उन्हें विदित न हो कि हम उनकी माँ...जननी हैं।'' शालवती की मनुहार और

मर्मभेदी दृष्टि ने भवनाग को विचलित कर दिया, पर चुप रहा।

"जीवन की संध्या में हम अपने कलंकी जीवन के साथ उन्हें जोड़ कर सारे जीवन तड़पने के लिए नहीं छोड़ना चाहतीं।" आँसुओं से गला रुंध गया।

"जो आज्ञा स्वामिनी।" उत्तरीय से अपने आँसू पोंछते हुए भवनाग चल दिया।

यथाशीघ्र वह राजवैद्य को ले आया। शालवती के आँसुओं का वेग बढ़ गया।

"क्या बहुत अधिक कष्ट है देवी ?" परीक्षण हेतु जीवक ने हाथ बढ़ाया।

शालवती ने उसे थाम लिया और अपने वक्ष में दबा लिया। सुख से उसकी आँखें बंद हो गईं। एक शीतलता आत्मा में उतरने लगी।

जीवक कुछ न बोले। हाथ को वैसे ही रहने दिया। उदासी की बदली ने उनके सुंदर आनन को ढक लिया।

— □ —

बंदिनी

इस आयु में भी उनके मुख पर मनोहारी कांति एवं तेज था। झिलमिला कर चुँधियाने वाली सूरज की प्रखरता नहीं, चाँदनी-सी लुभावनी शीतल स्निग्धता थी। बोधि वृक्ष के नीचे पद्मासन मुद्रा में वे बैठे थे। एक चित्ताकर्षक आभा वलय का आभास शिर के पीछे होता था। मुंदी पलकें कमल पुष्प की पंखुरियों-सी सुंदर थीं। अधरों पर थी चिरस्थायी स्वर्गिक मुस्कान। मुख मंडल पर आत्मिक शांति एवं मोक्ष के आनंद का अनुभव होता था। वैशाली के कोलाहल और आपाधापी से दूर जेतवन में अपने संघ के साथ विहार कर रहे थे। राजधानी की भीड़ थी कि बिन बुलाए खिंची चली आ रही थी। लिच्छवी गण परिषद के सदस्य : राजा, धनाढ्य-सेट्टी, अधिकारी और यदाकदा गणाध्यक्ष महानाम भी उनमें होते थे। लोगों की आवाजाही के कारण जेतवन की शांति-भंग होने लगी थी।

भीड़ से हटकर आम्रवृक्ष की आड़ से बड़ी श्रद्धा, आशा एवं विश्वास से उन्हें निहार रही थी। मन भयभीत हिरणी-सा धुकधुका रहा था। जरा से खटके से सावधान हो जाती। मुख को अवगुंठन और कमनीय देह को शालु से ढँक रखने के बाद भी संदेह था कोई पहचान न ले। त्रासदी यह थी कि उसका बहुचर्चित, बहुप्रशंसित सौंदर्य एवं व्यक्तित्व साधारण जीवन जीने की राह का बहुत बड़ा रोड़ा बन गया था। अनेक बार उसका मन साधारण जन के समान अपरिचित बन घूमना-फिरना चाहता था। पर यह संभव नहीं। यदि वैशाली के रसिकों को जेतवन में उसकी उपस्थिति का पता भर चल जाए तो उसकी पवित्रता को नष्ट करने में किंचित-सी लज्जा का अनुभव भी वे नहीं करेंगे ! अच्छी तरह से स्वयं को छिपा लेने के बाद भी शालु और अवगुंठन को भेद कर निकलने वाली दैहिक दीप्ति और सुरभी विलासियों की लोलुप दृष्टियों को बरबस खींच ही लेती थी। पर्याप्त कोलाहल के बावजूद वह अकेलेपन का अनुभव कर रही थी।

पाँखुरियों-सी पलकें धीरे-धीरे खुलने लगीं। करुणा, शांति, स्नेह, आशीष का

अजस्र स्रोत बहता-सा लगा। हर कोई अनुभव कर रहा था, करुणा से ओतप्रोत वह दृष्टि उसे ही उपकृत कर रही थी। कोलाहल थम गया। स्वर्गिक शांति पसर गई। उत्साह को सँभाल पाने में असमर्थ भावावेश में एक भक्त चिल्ला पड़ा–"भ...ग ...वा...न...तथागत...बुद्ध...की...ज...य...ज...य...ज...य..." विद्युत तरंग-सी दौड़ गई। अनेक कंठ स्वरों ने जय ध्वनि को दुहराकर जेतवन के आकाश को गुंजा दिया। सुमधुर कंठ फूट पड़ा–

"बुद्धम शरणम् गच्छामि
धम्मम् शरणम् गच्छामि
संघम शरणम् गच्छामि"

प्रशंसा, शरणागति, आलोचना से परे वह उड़ती दृष्टि जैसे ही उसके लोचनों से मिली आत्मा में उतर का उसे मथ दिया। मुख की लालिमा दुगुनी हो उठी। देह का सारा रक्त वहाँ सिमट जो आया था। जिन नयनों ने कभी झुकना नहीं सीखा, दूसरों को आँखें चुराने के लिए बाध्य किया, वे तथागत की करुणा के माधुर्य को सह न सकी। लज्जा से नवोढा-सी झुक गई। झुके नेत्र बरबस दरस-परस को लालायित थे। साहस बटोर निहारने लगी। वह प्रशांत दृष्टि अभी भी उसी पर टिकी थी। उनके आकर्षण ने उसे बाँध लिया। न जाने कब अवगुंठन गौरवर्णी मसृण कँधों पर खिसक गया। पता नहीं चला। मंद-मंद मुस्काते हुए वे उठे। चीवर सँभालते चल दिए।

आशीष पाने हेतु भीड़ दौड़ पड़ी। लगा उन नयनों ने अनुगमन हेतु आमंत्रित किया है। मंत्र मुग्ध-सी भीड़ को अंतर दे चल दी। धीरे पग तथागत अपनी कुटिया में प्रवेश कर गए। भिक्षु तीवर ने पट गिरा, पलट कर भीड़ को प्रणाम करते हुए निवेदन किया, "महाप्रभु अब विश्राम करेंगे। आप लोग प्रस्थान करें।"

भीड़ हटने को तैयार न थी। न जाने क्यों विश्वास था तथागत पुनः दर्शन ही नहीं देंगे, अमृतमय प्रवचन भी सुनने को मिलेगा। वह एक वृक्ष की ओट में खड़ी हो गई। पर्याप्त समय बीत जाने के बाद भी जब बुद्ध बाहर नहीं आए तो भीड़ छटने लगी। जाना वह भी चाहती थी पर मन न जाने क्यों रुकने को कहता था। जेतवन के एक कोने में अंगरक्षक, सारथी मातुल और प्रिय सखी चारुदत्ता उसके समय पर न लौटने के कारण चिंतित व्याकुलता से प्रतिक्षारत होंगे।

"देवी !" एक मीठे स्वर ने विचारों में बाधा डाली।

बड़ी-बड़ी कजरारी आँखों के सामने भिक्षु तीवर सिर झुकाए निवेदन कर रहे थे, "महाप्रभु स्मरण कर रहे हैं।"

धड़कते मन उसने तीवर का अनुसरण किया।

कुशासन पर लेटे बुद्ध आगंतुका को आते देख उठ बैठे।

"आओ आम्रपाली" मोहक मुस्कान के साथ उन्होंने स्वागत किया। एक अनिर्वचनीय सुख का उसने अनुभव किया। झुककर मिट्टी सने चरणों का स्पर्श कर

प्रणाम किया। मुग्ध नायिका-सी बैठ गई।

"कैसी हो अंबे ! कैसे कष्ट किया ?" बुद्ध की वाणी से निकली स्नेह-सिक्त शीतलता ने आम्रपाली के मर्म को छू लिया। "भ...ग...व...न्..." वर्षों तक जमा दुःख निशब्द बह निकला।

थोड़ा-सा झुककर तथागत वात्सल्य से उसका सिर सहलाने लगे, जैसे पिता अपनी पुत्री के दुःख को बाँट रहे हो। उस करुणामय स्पर्श ने सारे बाँध तोड़ दिए, हिचकियाँ ले लेकर रोने लगी।

"पुत्री। गणवधू बनाकर समस्त वैशाली की वासना के विष को प्रतिदिन बलात पिलाने का जो महापाप इस गणराज्य ने किया है वही उसके विनाश का कारण बनेगा। तुम्हारा सौंदर्य ही तुम्हारे लिए अभिशाप बन गया अंबा।" बुद्ध के नयन सजल थे। भाव विगलित दृष्टि से वे रुदन के वेग से रह-रहकर काँपती आम्रपाली की पीठ को देखते रहे।

रुदन का वेग कम होने पर रुंधे गले से निवेदन किया, "प्रभु। अपने सपने, यौवन सभी कुछ गणदेवता को समर्पित करने के बाद भी हम घृणा-उपहास की पात्र हैं। यह कैसी त्रासद विडंबना और शोकांतिका है देव ! वैशाली की नारियाँ अपने पति, पुत्रों, बंधु-बांधवों को हमसे दूर रखने के लिए प्रयत्नशील रहती हैं। नारी होकर हमारे दुःख को समझ, कम करने की अपेक्षा घृणा का विषपान कराती है। हमारे चरण चुंबन में गौरव का अनुभव करने वाले कामुक, बिलासी लिच्छवी हमारे बारे में अकथनीय चर्चाएँ करने में जरा भी लज्जित नहीं होते। हमें पण्य में बैठाकर प्रसन्न होने वालों का यह कैसा व्यवहार है भगवान्।"

"पुत्री। संसार की यही रीति है। लेकिन बेटी तुम भागीरथी-सी पवित्र और निष्पाप हो। नदी, नारी और भूमि तीनों को बहुत कुछ सहना पड़ता है बिटिया ! यदि नर्मदा और गंगा बोल सकती तो अनेक पुण्यात्माओं को स्वर्ग से निष्कासित कर दिया जाता। यदि नारी आत्मकथन प्रस्तुत करे तो अनेकों पुरुषों को मुख छिपाने को स्थान नहीं मिलेगा। यदि धरती कहे तो किसी को भी सिर छिपाने की जगह नहीं रहेगी।"

"किंतु भगवान् हमें तो शूद्रों अंत्यजों से भी अधम माना जाता है। प्रत्येक धर्म संप्रदाय ने हमें ही सारे पापों की जड़ माना है।"

"ना अंबे, हमारे धर्म और संघ के द्वार तुम्हारे लिए खुले हैं। अंबे हम पाप, पुण्य, शूद्र, गणिका, जाति-प्रथा में विश्वास नहीं करते। प्रत्येक आत्मा मोक्ष की अधिकारिणी है। क्योंकि वह पवित्र है।"

"तब क्या प्रभु संघ समेत हमारा आतिथ्य स्वीकार करेंगे। अपनी चरण धूलि से इस गणिका की आत्मा एवं प्रासाद को पवित्र करेंगे ?"

"हाँ अंबा, हम संघ सहित निश्चय ही भिक्षा भोजन हेतु तुम्हारे यहाँ आएँगे।

तुम्हारे द्वारा निर्धारित उपवन में हमारा संघ कुछ दिन विहार भी करेगा। पर... !''

पर के बाद के क्षणों में आम्रपाली के प्राण कंठ में आ अटके। कातर दृष्टि से निहारने लगी। बुद्ध ने उसकी विकलता का अनुभव किया।

''ना आम्रपाली। अस्वीकार का तो प्रश्न ही नहीं है। समय, दिन और तिथि की सूचना से भिक्षु आनंद तुम्हें अवगत कराएँगे।''

''जो आज्ञा भगवन।'' अजानी पुलक से भरी आम्रपाली बार-बार प्रणाम कर निमंत्रण को पक्का करने हेतु आनंद से मिलने चल दी। भिक्षु तीवर ने कुछ दूर अन्य भिक्षुओं से चर्चारत आनंद की ओर इंगित कर दिया। ज्यों-ज्यों निकट पहुँचने लगी, आनंद की स्पष्ट होती आकृति देख मन बैठने लगा। प्रसन्नता से दीप्त मुख कुम्हला गया। उनसे बात किए बिना लगभग दौड़ती-सी रथ पर जा बैठी। स्मृतियों ने अतीत से जोड़ दिया।

देवगाम में अंबा को लेकर नाना प्रकार की चर्चाएँ हो रहीं थीं। उन्होंने असंग का जीना दूभर कर दिया। जब तक अंबा नासमझ थी, उसने ध्यान नहीं दिया। उसे भोला विश्वास था, समय पाकर सब कुछ ठंडा पड़ ज़ाएगा। लेकिन जैसे-जैसे अंबा यौवन की सीढ़ियाँ चढ़ने लगी, उसके सौंदर्य की देवगाम ही नहीं आसपास के अन्य ग्रामों, नगरों में भी चर्चा होने लगी। अंबा असंग के लिए अभिशाप बन गई।

''तुम कुछ भी कहो असंग। अंबा निश्चय ही तुम्हारी बेटी नहीं है ? कहाँ से उड़ा लाए इस रूपसी को ?'' ग्राम प्रधान भल्लाट के व्यंग्य ने असंग को व्यथित कर दिया। ''कहीं से भी तो नहीं स्वामी। दूर की एक बहन वैशाली के उपनगर में रहती थी। प्रसव में मृत्यु हो जाने पर बहनोई ने पालने हेतु मुझे दे दिया।'' विनीत स्वर में असंग ने हाथ जोड़ दिए। पर तत्काल उठ कर चल दिया। उस दिन को कोसने लगा जब वैशाली से लौटते समय आम्रकुंज से रेशमी वस्त्रों में लिपटी, रोती सध्यजात बालिका के रूप पर मोहित हो उठा लाया था।

''सच बाबा। क्या आप हमारे पिता नहीं हैं ?'' ग्रामीणों की बातों से विचलित अंबा सजल नयन पूछ बैठी।

उस भोले मुख की रुदन छवि ने असंग को अकुला दिया। फिर भी विनोद में प्रतिप्रश्न किया, ''तुझे क्या लगता है ?''

''हमें तो आप ही हमारे सच्चे पिता लगते हैं। भला कोई पराई संतान को इतना स्नेह, ममता देता है।'' अल्हड़ अंबा असंग की पीठ पर झूल गई।

लोक आलोचनाओं से विचलित असंग एक रात अंबा के साथ चुपके से वैशाली भाग आया। राजधानी के भीड़ भरे जीवन में कौन किसे पहचानता है ? आराम से खो जाएँगे। लेकिन जैसा हम चाहते हैं वैसा होता नहीं। पुष्प के समान अंबा की सौंदर्य सुरभी स्वतः फैलने लगी। उसके आसपास चक्कर काटने वालों की कमी न रही। उन्हीं में था पड़ोस का नंद। वह उसका अंगरक्षक बन बैठा। अंबा के लिए

अपने पुर ही नहीं वरन् दूसरे पुर-मोहल्ले से भी लड़ बैठता।

वसंत के आगमन ने वैशाली के तन-मन को रस से सराबोर कर दिया। ऋतुराज के स्वागत में राजधानी का प्रत्येक घर-आँगन सजने लगा। वासंती परिधानों में रसिक रसिकाएँ मदनोत्सव मनाने वन-उपवनों और उद्यानों की ओर चल दिए। सर्वाधिक भीड़ काम्यक उद्यान में थी। वसंतोत्सव के अवसर पर गणमान्य सेट्ठी, परिषद के कुछ सदस्य, गणिकाध्यक्ष सुबंधु, नगरवधू सुदर्शना, और गणपति महानाम नई नगर वधू के चयन हेतु राजकीय उद्यान में एकत्र हुए। असंग के मना करने पर भी अंबा नंद को लेकर सजधज कर उत्सव में जा पहुँची। नृत्य, संगीत, गायन, वादन की प्रतियोगिताओं में सुंदरियाँ बढचढ़ कर भाग ले रही थीं। तभी सुदर्शना की दृष्टि अंबा पर आ टिकी। निर्दोष सौंदर्य, मूर्ति सदृश्य ढली विपुल देह राशि ने उसकी अनुभवी आँखों को बाँध लिया। उसने गणिकाध्यक्ष का ध्यान उस षोडषी की ओर आकर्षित किया।

उत्सव के आनंद में डूबी अंबा के बिलकुल पास आकर कोई फुसफुसाया "देवी ! गणाध्यक्ष महामहिम महानाम आपसे भेंट करना चाहते हैं।"

पहले तो वह घबरा गई। फिर न चाहते हुए भी, नंद के रोकते-रोकते भी प्रहरी के पीछे चल दी। कभी-कभी घटनाएँ इस तेजी से घटती हैं कि हम सँभले, समझे इसके पहले ही घट ही जाती हैं ! वे हमारी क्षमता और नियंत्रण के बाहर जो होती हैं। गणराज्य के अनेक विशिष्टों ने उससे बात की। वे उसकी समझ के परे थी। परंतु प्रवाह के साथ वह बहती चली गई। उसने स्वयं को नगरवधू के भव्य प्रासाद में पाया। उस ज्वार में असंग और नंद कहाँ बह गए। पता ही न चला। नगरशोभिनी के पद पर अभिषक्त होने के बाद दास-दासियों अंगरक्षकों से घिरी आम्रपाली की शोभा यात्रा राजसी रथ पर नगर में घुमाई गई तो कोटि-कोटि प्रशंसकों की जयकार में लगा, वह आकाश में उड़ी जा रही है। अब उसका उठना-बैठना राजसी पुरुषों, सैन्य अधिकारियों, कलाविदों, धनाढ्य सेट्टियों और गणाध्यक्ष महानाम के बीच होने लगा। वैभव-विलास के उस स्वर्ग में उसके संकेत मात्र पर सभी कुछ उपलब्ध था। सभी उसके कृपा-कटाक्ष के आकांक्षी थे। अभिजात्य वर्ग में घुल-मिल कर उसने पिछले जीवन को भूलना ही श्रेयस्कर समझा।

नंद उसे भूल न सका। न जाने क्यों उसे लगता, अंबा को उसकी इच्छा के विरुद्ध गणनर्तकी बनाया गया है। उससे भेंट करने के सारे प्रयत्नों को प्रहरियों ने सदैव असफल किया।

उस दिन जब आम्रपाली सेनापति रत्नसेन से घुलमिल कर बतिया रही थी। प्रहरी एक युवक को पकड़ लाए।

"स्वामिनी ! चोरी-चुपके आपके शयनागार की ओर जाते देख हमने इसे धर दबोचा। इसका नाम नंद है। स्वयं को आपका परिचित एवं पड़ोसी बतलाता है।"

नंद की भयभीत कातर दृष्टि ने एक क्षण के लिए उसे विचलित कर दिया। लेकिन रत्नसेन की चुभती दृष्टि से संकुचित आम्रपाली की मुख मुद्रा कठोर हो गई। उत्तर दिए बिना भीतर चली गई।

"देवी किसी नंद-वंद को नहीं जानती। ले जाओ इसे और कारागार में डाल दो।" सेनापति ने रूखे स्वर में आदेश दिया।

अन्य भिक्षुओं से चर्चा समाप्त करने के बाद आनंद तथागत से भेंट करने उनकी कुटिया में गए। बुद्ध कुशासन पर लेटे विश्राम कर रहे थे।

"प्रणाम महा प्रभु !" भक्ति-भाव से आनंद ने तथागत के चरण स्पर्श किए। "आओ आनंद, आसन ग्रहण करो।" बुद्ध ने चरण सिकोड़े। उन दिव्य चरणों को अपनी गोद में ले आनंद उन्हें दबाने लगे।

अबोला उनके मध्य कई पल तैरता रहा। बुद्ध आनंद को अपना पट्ट शिष्य ही नहीं पुत्र मानते थे। उसकी सेवा परायणता, आज्ञाकारिता एवं मधु व्यवहार अनुकरणीय थे। आनंद को लगा तथागत आत्म लोक में डूब गए हैं। वे चरण दबाते रहे।

"आनंद !" वाणी अत्यंत रसपगी थी।

"भगवन !"

"कुछ समय पूर्व वैशाली की गणवधू आम्रपाली आई थी।" आँखें मूँदे ही वे बतिया रहे थे।

चरण दबाते आनंद के हाथ रुक ही नहीं गए हल्के से काँपने लगे। उसने उत्तर नहीं दिया।

"वे संघ का आतिथ्य करना चाहती हैं। हमने स्वीकृति दे दी है। इसी पूर्णिमा को आम्रपाली द्वारा निर्धारित उपवन में संघ विहार करें तो कैसा ?"

आनंद फिर भी चुप रहे।

"आनंद तुमने अपना मंतव्य प्रकट नहीं किया ?"

"जैसी प्रभु की इच्छा।"

"तुम जाकर आम्रपाली को सूचित कर दोगे ?"

भावनात्मक अंतरद्वंद्व से आनंद की श्वांस भारी हो गई। हाथों का कंपन बढ़ गया, मन बैठने लगा।

"कदाचित गणवधू को लेकर कहीं तो भी तुम्हारे मन में ग्रंथी है।" बुद्ध गंभीर थे।

"भ...ग...व...न्..." अस्फुट स्वर में आनंद बुदबुदाकर रह गए।

"ना हम कोई स्पष्टीकरण नहीं चाहते। इतने वर्षों से हमारे सान्निध्य में रहने के बाद भी कदाचित तुम व्यक्तियों, वस्तुओं, घटनाओं से निरपेक्ष नहीं हो पाए वत्स ? राग, द्वेष, घृणा आदि की क्षुद्र दुर्बलताओं पर वियज पाने में सफल नहीं हुए। यह

तुम्हारी नहीं हमारी असफलता है, आनंद !'' बुद्ध की वाणी वेदना से पूर्ण थी, ''ठीक है। तुम्हारे स्थान पर हम भिक्षु धर्मशील को भेज देते हैं।'' आनंद की गोद में रखे चरणों को वे सिकोड़ने लगे।

''ना स्वामी। हम ही जाएँगे। भूल हमारी ही है। आपके स्नेह-आशीष की छाया में रहकर भी हम आधे अधूरे रह गए। आपने शल्य क्रिया कर आत्मा के उस मवाद से मुक्ति दिला दी भगवन।'' दृढ़ निश्चय की आभा से आनंद का मुख दीप्त हो उठा। कंपन समाप्त हो गया। एक कोमल शांति से मन ओत-प्रोत हो गया।

''तुम्हारा कल्याण हो आयुष्मान !'' बड़े प्यार से तथागत ने पीठ पर हाथ फिराया।

''देवी की जय हो ! भिक्षु आनंद पधारे हैं।''

मखमली आसंदी पर बैठी आम्रपाली की विचार शृंखला बिखर गई। आनंद के आगमन का सुनते ही अपराध-बोध की विकलता से काँपने लगी। आनंद का सामना कैसे कर सकेगी ? रोक भी तो नहीं सकती ? देह पाषाण-सी जड़ हो गई। मूर्तिवत् बैठी रही धीर, गंभीर, शांत एवं करुणा की मूर्ति आनंद आ खड़े हुए। सिर झुकाये सभी बैठे रहे। अभ्यर्थना में उठने का साहस भी न जुटा सकी।

''देवी आम्रपाली, महाप्रभु तथागत आगामी पूर्णिमा को संघ सहित आपका आतिथ्य ग्रहण करेंगे।'' आनंद की वाणी अमृतमयी थी।

हाँ-ना कुछ नहीं कह सकी।

ख...ह...ख...आनंद ने कंठ साफ किया। ''देवी चार वर्ष बाद कारागार से मुक्त होने के बाद निश्चय ही हम आपकी हत्या करना चाहते थे। तभी भगवान से भेंट हो जाने से हमारी जीवनधारा बदल गई। हमें आपसे कोई शिकायत नहीं है।'' वे एक क्षण रुके, ''तथागत आपका कल्याण करें, आयुष्मती !''

पलट कर वे धीर पग चल दिए। आम्रपाली को लगा उसे क्षमा कर बुद्ध अभी-अभी गए हैं।

आनंद के मुख पर छायी मुक्ति की करुणा में डूबी आभा ने आम्रपाली को अभिभूत कर दिया। जिस सौन्दर्य के बल पर वह गणशोभिनी बनी थी। लगा वह तो अभिशाप सिद्ध हुआ है। गहरी निःश्वास ले नगरवधू के भव्य प्रासाद को निहारा। सहसा अनुभव हुआ कि वैभव-विलास के उस बंदीगृह की तो वह बंदिनी है।

— □ —

पत राखो आलीजाह

मन की बेचैनी को दूर करने के लिए वह गुनगुनाई...म्हारी...पत राखो...आलीजाह ...पर आलीजाह ने पत नहीं राखी। कुछ समय पहले ही कासिमखां बतला कर गया था कि सुल्तान लड़ाई हार चुके हैं। न केवल वे पराजित हुए, वरन अपनी जान बचाने के लिए बुरहानपुर की ओर भाग खड़े हुए हैं। उसका राजपूतानी मन किसी भी तरह से इस कायरता को स्वीकार करने के लिए तैयार नहीं हो रहा था। लज्जाजनित दुःख से वह भर गई, पर कर भी क्या सकती थी ? भूलने के अलावा कोई चारा भी न था। दुःख उसे इस बात का नहीं कि वो भाग खड़े हुए। कष्ट तो इस बात का है कि ऐसा करते वक्त एक पल के लिए भी क्या वो उन्हें याद नहीं आई ? उन्हें उसकी याद भर आ जाती तो शायद ऐसा शर्मनाक कदम नहीं उठाते। पुरुष कितने मुखौटे पहन सकता है ? नारी इसका अंदाजा नहीं लगा सकती। वह कल्पना नहीं कर सकती थी कि जिस सुल्तान ने उसके लिए अपनी जान न्यौछावर करने के वायदे किए थे, वह उसे संकटों के भँवर से जूझने के लिए अकेला छोड़ जाएगा। जिसने साथ जीने-मरने की कसमें खाई थीं, पहला मौका मिलते ही भाग खड़ा हुआ ? शायर, कवि और साहित्यकार बातें तो बड़ी-बड़ी कर लेते हैं, उन पर अमल करना शायद उनके बस की बात नहीं ? हमलावर दरिंदों का सामना करने के लिए हरम को छोड़ गए। वो ये भूल गए कि उनकी प्रेमिका, नृत्यांगना, कवयित्री के साथ ही पहले राजपूतानी है। आन, बान, शान, इज्जत और लाज की रक्षा के लिए जौहर उसे विरासत में मिला है। विचारों के जाल में ऐसी उलझी कि दासी सुरीली के आने का पता ही न चला।

जुहार कर सुरीली सिर नीचा किए चुपचाप खड़ी हो गई। रानी सा की नजर पड़े तो अरज करे ? रानी सा थी कि अपने में ही डूबी हुई। चोर दृष्टि से सुरीली उन्हें निहार लिया करती थी। काफी समय बीतने के बाद भी जब रानी सा ने उसकी ओर ध्यान ही नहीं दिया तो लाचार हो, उनका ध्यान खींचने के लिए अरज काना पड़ी। "घणी खम्मा राणी सा ?"

"कौन ?" पूछने के साथ ही सुराहीदार गर्दन को उसने मोड़ा, "अरी सुरीली तुम ? बोल कई बात छे ?" कुछ भी सुनने के लिए अपने मन को उसने तैयार कर लिया।

"बड़ी बुरी खबर हे राणी सा। अभी-अभी पतो लाग्यो के सारंगपुर से दर कोस दर मुकाम करतो आधमखान माण्डू घेरणे वास्ते बड्डी सेना का साथे रवाना हुई ग्यो हैं। जीत रो उखे इत्तो विस्वास थो कि सारंगपुर पर हमलो करने का पेलेज पीर मुहम्मद का कमान में एक घुड़सवार दस्तो अग्गेज माण्डू भेज दियो। वो दस्तो कदी भी माण्डू घेर लेगो।" घबराहट सुरीली की बातों से फूटी पड़ रही थी। डर से उसका चेहरा फीका पड़ गया था।

कोई उत्तर दिये बिना वह चुपचाप उसे चुभती दृष्टि से निहारती रही। मन की व्याकुलता और परेशानी के किसी भी चिह्न को उसने अपने खूबसूरत चेहरे पर उभरने नहीं दिया। वह जानती थी यदि उसे डरा हुआ मान लिया गया तो रनिवास में तत्काल कुहराम मच जायेगा। तब शत्रु का सामना करने में शक्ति लगाने की बजाय उसे रनिवास को सँभालने में बरबाद करना पड़ेगा। उसका चेहरा दृढ़ता से सख्त हो गया। वह उत्तर दे उसके पहले ही दूसरी दासी दौड़ी-दौड़ी आ पहुँची :

"रा...णी...सा...जी राणी...सा...घ...णी...ख...ख...म्मा..." भागकर आने के कारण उसकी साँस फूल आयी थी। वक्ष तेजी से उठ गिर रहा था।

बड़े-बड़े कजरारे नयनों से वह ताकने लगी।

"घणी...खम्मा...राणी सा" बोलने के साथ ही झुककर वह बार-बार जोहार कर रही थी। घबराहट के कारण बोल टुकड़ों में निकल रहे थे।

"घबरा मत भानू। पहले शांत हो। फिर धीरज सी बता काई हुओ ?" उसने संयत स्वर में पूछा।

"राणी सा हुजूर। मुगल फौज ने किल्लो घेर लियो।"

"जवाहरसिंह जी ने किले का दरवाजा बंद तो करा दिया नी ?" उसने जानना चाहा।

"हाँ हुजूर। किल्ला का दरवाजा तो बंद करायाज हे, बुर्जी पर फौज भी तैनात कर दी है।"

"फिर परेशानी होण जसी कोन सी बात ? जो भी होयगा उको सामनो सबख मिलीन करनू पड़गा भानू। डरयो सो मरयो। यो समय हिम्मत रखण को है।" उसने साहस बँधाया। एक क्षण रुकी...कहे या न कहे। उसने कहना ही उचित समझा, "सुल्तान बाजबहादुर आलीजाह की इज्जत को सवाल है। जौहर करांगा सुल्तान की पत राखांगा।"

"जो हुकुम हुजूर।" सुरीली और भानू दोनों ने एक साथ उत्तर दिया।

"जाओ रनिवास ख सँभालो। जब तक हम हैं कोई खबी चिंता करन की जरूरत नी।" दृढ़ता से उसने आदेश दिया।

"जो हुकुम राणी सा हुजूर।" दोनों सिर झुका, प्रणाम कर रनिवास की ओर चल दीं।

दिन ढलते-ढलते आधम खान भी एक बड़ी मुगल फौज और तोपखाने के साथ माण्डू आ धमका। सिपहसालार के आ जाने से पीरमोहम्मद और उसके सैनिकों का हौसला दुगना हो गया। मशालों के उजाले में रात में ही आधमखान ने घूम-घूम कर युद्ध के मैदान का निरीक्षण किया। किले का भी मुआयना कर लिया। उसने सामरिक महत्त्व के ठिकानों पर तोपें लगवा दीं। वह अच्छी तरह से जानता था कि माण्डू के किले में फौज तो नाम मात्र की होगी। सबसे बड़ी संख्या तो बाज बहादुर के रनिवास में है। उस भगोड़े ने सुंदरियों, गायिकाओं, नर्तकियों और कलाकारों का बेश कीमती खजाना इकट्ठा कर रखा है। उस खजाने का सर्वोत्तम हीरा है, हुस्न-ओ-जमाल की मलिका रानी रूपमती। उसकी खूबसूरती, नाच और गाने में उसकी महारत के चर्चे सारे हिन्दोस्तान में हैं। मुगल सम्राट और उसके दूधबंद भाई शहंशाह अकबर भी उससे न केवल प्रभावित हैं, उसे पाना भी चाहते हैं। उसे अपना बनाने की हसरत आधमखान भी अपने दिल में पाले हुए था। वह इस बात को मानता था कि हारे हुए दुश्मन के हरम की सुंदरियों पर कब्जा करना विजेता का अधिकार है। वह जानता था इस समय माण्डू की कमान रानी रूपमती के पास है। अपनी उपस्थिति को दर्ज कराने के लिए रात में ही उसने तोप से दो-तीन गोले दगवा दिए।

मर्दाने वेष में रूपमती तलवार लिए बुर्जियों पर सुरक्षा के उपायों का जायजा ले रही थी। उसके साथ थे आदिल खां और जवाहर सिंह। माण्डू में सभी को मालूम था कि वे हारी हुई लड़ाई लड़ने वाले हैं।

"रानी साहिबा। दुश्मन के पास एक बड़ी फौज है, तोपखाना तो आप देख ही चुकी हैं। फिर सारंगपुर में जीत हासिल हो जाने से उसका मनोबल बहुत ऊँचा है। आधमखान दिल्ली से भी कुमुक मँगवा सकता है।" चलते-चलते आदिल ने परिस्थिति रखी, "स्थिति बहुत नाजुक है रानीजी।"

"हम जानते हैं, आदिल खां सहेब। अपमानजनक समर्पण की बजाय शान की मौत मरना क्या ठीक नहीं रहेगा ?" वह एक क्षण रुकी। "हो सकता है, इन हालातों से निपटने बाबद आपके सुल्तान कोई संदेश भेजें ? शायद खानदेशी सेना लेकर हमारी मदद पर आ जाए ?" एक झूठी-आशा उसकी बात में झलक रही थी।

"उचित तो यही होगा रानी साहिबा आप महलों में पधारें। दुश्मन गोला-बारी कर रहा है। आपको कहीं कुछ हो गया तो सुल्तान हुजूर को क्या उत्तर देंगे ? लड़ाई बाबद विचार-विमर्श अंदर करें तो ही ठीक होगा।" जवाहरसिंह ने अदब से राय दी।

"आप बजा फर्मा रहे हैं जवाहरसिंह जी। चलिए रानी साहिबा अंदर चलिए।" आदिल खां ने समर्थन किया।

सिपाहियों को सावधान रहने का आदश दे. वे महल में चल दिए।

वह बुत बनी बैठी महल की दीवार पर टँगे चित्र को निहार रही थी। उसमें बाजबहादुर और वह घोड़ों पर बैठे शिकार हेतु जा रहे थे। उसकी क्षीण आशाएँ पल-पल मर रही थीं। रनिवास ही नहीं सारा माण्डू आतंकित था। क्या होगा ? कोई नहीं जानता। आधम खान और पीरमोहम्मद हृदयहीन हत्यारे हैं। सबसे ज्यादा परेशान हैं, हरम की सुंदरियाँ।

"आदाब रानी साहिबा।" आदिल खाँ ने उसकी विचार-तंत्रा तोड़ी।

उठकर उसने स्वागत किया। "नमस्कार खां साहेब आइए बिराजिए।"

"हुजूर रानी साहिबा मुगल सिपहसालार आधम खान ने किले में रसद पहुँचने के सारे रास्ते काट दिए हैं।"...ख....ह....ख.... खखार कर गला साफ करते बात आगे बढ़ाई, "कहीं से किसी मदद की कोई उम्मीद भी नहीं है रानी साहिबा।"

रूपमती समझ रही थीं। आदिल का इशारा अपने सुल्तान बाजबहादुर की ओर ही था। निरुत्तर वह आदिल को चुभती नजरों से निहारती रही।

"कोई न कोई रास्ता तो निकालना ही पड़ेगा रानीजी। ऐसे कब तक चलेगा।"

"आपकी क्या राय है ?"

"यह नाचीज क्या राय दे सकता है हुजूर। आप जो भी हुक्म देंगी, बंदा बजा लाएगा।" आदिल ने बात उसी पर टाल दी।

हैरान-सी वह देखती रह गई। मार्गदर्शन देने के बजाय आदिल एक औरत पर निर्भर हो रहा है। एक लंबी साँस लेकर उसने उत्तर दिया, "यदि आधम खान हम सबको सुरक्षित रूप से जाने दे तो हम किला उसे सौंपने को तैयार हैं।"

"हुजूर आधम खान ने यह खत आपके हुजूर में भेजा है।" एक हिचकिचाहट के साथ आदिल ने खत पेश कर दिया।

"हसीनों की मलिका को खादिम आधम खान का आदाब। हमारा सामना करना बेकार है। फिर हम आप जैसी हसीना से लड़ने में खुद को नाकाम पाते हैं। आपकी नाजुक कलाइयों में तलवार नहीं सितार और खूबसूरत मेहँदी रचे पाँवों में घुँघरू ही अच्छे लगते हैं। आपकी नजरों के तीरों की चर्चा ने ही हमें घायल कर रखा है। आपकी जगह मैदाने जंग में नहीं हमारे पहलू में है। कायर बाजबहादुर से मदद की उम्मीद न करें। हमारे होते वह इधर आने की हिम्मत नहीं करेगा। यदि आपने हमारी अरज नहीं मानी तो हम माण्डू की ईंट से ईंट बजा देंगे। माण्डू में कत्ले-आम होगा और इसके लिए जिम्मेदार होंगी...तुम।"

अंकशायिनी बनने का खुला निमंत्रण धमकी भरा था। घृणा से वह सिहर उठी।

"क्या हुक्म है रानी जी ?"

"विचार करने का हमें थोड़ा मौका दिया जाए ? साँस लेने का समय माँगने में क्या हर्ज है।"

"जो हुकुम। मैं आधम खान को सूचना भिजवाए देता हूँ। अच्छा आदाब।" सलाम कर आदिल चला गया।

"घणी खम्मा राणी सा।" रतनसिंह ने प्रणाम किया।

रूपमती का चिंतित उदास मुरझाया चेहरा खिल उठा।

"कब आए ? आलीजाह का क्या आदेश है ? कब आ रहे हैं, मदद पर ?"

"हुजूर...राणी...सा ? बड़ी मुश्किल से बच बचा के आया हूँ।" असमंजस में वह रुक गया।

रूपमती समझ गई, कोई ऐसी बात है जिसे कहने में रतनसिंह हिचकिचा रहे हैं।

"बेडर हुई के बतलावो। आलीजाह की कोई आज्ञा है।" व्याकुल उत्सुकता से उसने जानना चाहा।

कुछ भी कहने का साहस रतनसिंह जुटा नहीं पा रहा था।

"आज हम कुछ भी सुनने को तैयार हैं। रतनसिंह जी आप निडर होकर बतलाइए उनका क्या हुकुम है ?"

"कैसे कहूँ स्वामिनी ?" रतनसिंह की वाणी में द्वंद्व था।

"आगे-पीछे कहना तो पड़ेगा। हम आपकी स्वामिनी ? आज्ञा देती हैं। संदेश सुनाओ।" रूप का स्वर कठोर था।

"जो हुकुम। रानी जी....रा...नी.....सा....सुल्तान ने हुकुम दिया है। रनिवास की सुंदरियाँ जा न की खातिर कहीं आधम खान को समर्पण...। इसलिए उन सबको ख ....खत्म....।" जल्दी-जल्दी संदेश उगल कर वह चुप हो गया।

वह स्तब्ध रह गई। मूर्तिवत् बैठी रही। हर पल भारी पड़ रहा था। लंबी साँस ले धीमे से उत्तर दिया, "आप जा सकते हैं रतनसिंह जी। अगला आदेश हम बाद में देंगे।"

"जो आज्ञा।" प्रणाम कर रतनसिंह चला गया।

प्यार का विश्वास टूट गया। तस्वीर को देख हँस पड़ी एक पागल हँसी। बड़बड़ाने लगी :

"तुमन म्हारी पत नी राखी आलीजाह
सोनो नी मांग्यो, चांदी नी मांगी।
ना मांग्यो उदयपुर को राज।"

बस इतनी ज कदर करी। इतना साल साथ रहण का बाद भी अपनी रूप ख नी पहचाण्यो ? एक पारसा, पुतुरिया समज्या। नारी-पुरुष का संबंध को आधार तो विश्वास परज टिकेल रहजें। जब उज नी रहयो तो जीण को काई मतलब ? हे भगवान ! अब तुमज म्हारी पत राखजो। आलीजाह समान बे विश्वास मत करजो। उसे लगा आधम खान समर्पण के जरिए उसकी हत्या करना चाहता है और बाजबहादुर ने अविश्वास के खंजर से उसे मार डाला। वह तो मर चुकी है। अब तो सिर्फ औपचारिकता पूरी करना भर बाकी रह गया है।

— □ —

रिश्ते

आँगन में काफी भीड़ थी। सुतीश मुँह लटकाए हुए खड़ा था। कुछ लोग अर्थी बाँध रहे थे। ससुर की लाश अर्थी पर पड़ी हुई थी। किट्टी और बिट्टू का हाथ पकड़कर उसने जब आँगन में प्रवेश किया तो दोनों बच्चे सहम गए। आँसू जबरदस्ती पलकों को ठेलकर उमड़ रहे थे। एक घबराहट उसे खाए जा रही थी। जैसे कोई धुँए को बंद कर दे और वह ठेल कर बाहर निकलना चाहे। वैसी ही छटपटाहट का अनुभव कर रही थी।

ड्राइंग रूम अड़ोस-पड़ोस की औरतों से भरा था। सास जोरों से और देवरानी सुबक-सुबक कर रो रही थी। उसे यदि चचेरा भाई दर्शन फोन न करता तो ससुरजी की मौत की सूचना ही न मिलती। सुतीश और सासजी ने तो शायद उसे खबर करना जरूरी न समझा। मनुष्य कितना कठोर हो सकता है। अब वह इस घर के लिए गैर जरूरी थी।

सास ने रोते-रोते एक बार उसकी ओर देख भर लिया। उसे लगा शायद उनकी आँखों में बल पड़ गए हों। मुँह ढाप कर वो नए सिरे से फफक पड़ी। बिट्टू, किट्टी उससे चिपक गए। पास की औरतें सिमट गईं। वह चुपचाप जहाँ खड़ी थीं वहीं बैठ गई। सास के रूख के कारण देवरानी की हिम्मत भी उसके पास आ बैठने या सान्त्वना देने की न हुई।

परंतु क्या उसे सदैव इस अपमान का सामना इस घर में करना पडा था। ससुर जो आज शैय्या पर पड़े हैं उससे कितना स्नेह करते थे। सास का मुँह प्यार भरे संबोधनों से भरा रहता था। पर उनके चले जाने से सभी रिश्ते छिन्न-भिन्न हो गए। सभी कुछ कितनी जल्दी बदल जाता है। पहले तो ऐसा कुछ नहीं था। पिछले इन कुछ सालों में कितना पानी बह गया कौन जाने ?

पहले वह खुद दिल्ली की सड़कों बाजारों में अकेली घूमती थी बिना किसी चिंता परवाह के। मित्रों के साथ काफी हाउस, सिनेमा में खुलकर हँसना-बोलना, सभी

समस्याओं पर खुली बहस करना साधारण बात थी। कालेज से लौटने पर उस दिन उसने ड्राइंग रूम में पिताजी को माँ से बतियाते पाया।

"भई लड़का मेरा देखा हुआ नहीं है। सुना है एअर फोर्स में फ्लाइट लेफ्टीनेंट है। अब तुम इसी पर से अन्दाज लगा सकती हो कि उसकी पर्सनल्टी कितनी बढ़िया होगी।"

वह ठिठक गई।

"ये सब मैं क्या जानूँ ? हाँ एक ही डर लगता है ? लड़का सेना में है। आगे पीछे कहीं कुछ हो गया तो हमारी सुधि का क्या होगा ?" माँ चिंतित थी।

"लो अगर सब माँए तुम्हारी तरह ही सोचने लगें तो फिर शायद किसी फौजी की शादी ही न हो ? अरे भई होने को तो किसी को भी, कहीं भी कुछ भी हो सकता है ? मुझे ही तुमसे बातें करते-करते...."

"अशुभ बात...शर्म आनी चाहिए।" क्रोधित माँ ने पिताजी की बात काट दी।

वह सिहर उठी।

"अब तुम्हें कैसे समझाऊँ ? अरे हम नहीं देंगे अपनी लड़की कोई और देगा ? वो लड़का कुँवारा थोड़े ही बैठे रहेगा ? खूब सोच लो। ऐसा मौका बार बार हाथ नहीं आवेगा।"

"अब मैं क्या सोचूँ ? मेरा दिमाग काम नहीं कर रहा है ?"

"अरे भाई उन्हें अपनी सुधि पसंद आ गई है। इसीलिए वे राजी हैं। दूसरे उस घर में ज्यादा झंझट भी नहीं है। दो भाई हैं। छोटा कालेज के आखरी साल में है। बड़ा वायुसेना में, सास ससुर का देहली में ही उनका अपना बँगला है। सुधि को बाहर भी नहीं भेजना पड़ेगा। हर आठवें-पंद्रहवें दिन हम लोग मिल लिया करेंगे।"

"जैसा तुम ठीक समझो ?" माँ ने हथियार डाल दिए।

"तो ठीक है। मैं फिर उन्हें खबर करे देता हूँ कि लड़के के आते ही वे उसे सुधि को दिखा दें। और बाकी बातें तय कर लें।"

कॉरीडार में रुकना अब उसे ठीक न लगा। पर्दा हटाकर वह ड्राइंग रूम में प्रवेश कर गई।

"आओ बेटी आओ। अरे भई इसे चाय-वाय पिलाओ। बेटा हमारा थक गया होगा।" लाड़ से पिताजी ने उसकी पीट थपथपाई। माँ किचन में चली गई।

"घी का बर्तन कहाँ रखा है।" किसी ने अंदर आकर पूछा। किचन में रखा सामान उसकी निगाहों में घूम गया। देवरानी वहाँ न थी। उसकी इच्छा हुई कि किचन में जाकर घी का बर्तन उठा लाए। पर क्या वह ऐसा कर सकती थी ? उसने एक लम्बी सांस ली।

फिर हर लड़की के जीवन में जो घटता है वह उसके साथ भी हुआ। फ्लाइट लेफ्टीनेंट सुदीप, अपने माँ-बाप और भाई सुतीश के साथ आकर उसे देख गए और

मना न कर सके। और तब धूम-धड़ाके के साथ वह इस घर में आ गई थी। समय पंख लगाकर उड़ने लगा। कनॉट में पहले वह अकेली या सहेलियों के साथ घूमती थी। अब सुदीप उसका साथ देने लगा था। उसे बड़ा अच्छा लगता। उसने सुदीप को अपनी सहेलियों से मिलाया। क्योंकि वह अपनी उपलब्धि पर गर्वित थी। माँ और पिताजी ने उसके साथ धोखा नहीं किया था।

शादी के दूसरे साल बिट्टू ने आकर सुदीप से उसे और अधिक बाँध दिया। सुदीप बीच-बीच में ट्रेंनिग पर चला जाया करता था। तब बिट्टू उसके सूनेपन को भर देता था। और फिर आई किट्टी भी। मानो उसके जीवन की सारी कमी पूरी हो गई। इससे अधिक सुख की उसे कामना भी न थी।

सुदीप रेजीमेंट में था। वह अपनी माँ से मिलने आई थी। तभी पैंसठ की लड़ाई छिड़ गई। रेडियो पर हमले की सूचना मिलते ही उसका मन धक से बैठ गया। ओंठ प्रार्थना में हिलने लगे। माँ का डर साकार हो गया। बैचेनी के उस आलम में वह मैके से ससुराल आ गई। पर वहाँ भी उसे शांति न मिली। तब वह फिर मैके भाग आई। एक-एक दिन पहाड़ सा कट रहा था। दिन भर वह रेडियो से चिपकी रहती। न कोई काम अच्छा लगता न बच्चे। तभी एक दिन शाम को सास ससुर और सुतीश आए। उनके उतरे चेहरे और सास के गालों पर बनी आँसू की गहरी लकीरों ने सब व्यथा कह दी।

वह समझ गई। थरथर काँपते हुए सास की गोद में कटे पेड़ सी गिर पड़ी और उसका बर्फानी दुःख आँसू बनकर गल गया। उसकी इच्छा हुई कि वह उठकर सास के पास जाए ताकि दोनों का जमा हुआ गम पिघल जाए। आज सास भी उस जैसी ही थी। और वह उनकी मनस्थिति को अच्छी तरह से समझ रही थी। पर उसकी हिम्मत न हुई। पास होते हुए भी उनमें बडी दूरियाँ थीं।

तब वे उसे घर ले आए। बाद में पता चला कि सरगोधा पर सफल हवाई हमला करने के बाद वापस आते हुए दुश्मन के सेबरजेट की गोली लगने से सुदीप के नेट में आग लग गई। नेट को सही सलामत वापस लाने के प्रयास में वह बच न सका। सरकार ने उसे मरणोपरांत वीर चक्र से सम्मानित किया। यंत्रचलित से सभी क्रिया कर्म उसके पूरे किये गए।

जब बीमा वालों ने एक लाख के क्लेम की सूचना उसे दी तो जैसे घर का वातावरण ही बदल गया। चेहरों पर बल पड़ गए। पास के कमरे में उस रोज उसने सास को कहते सुना, "देखा आजकल की लड़कियाँ कितनी तेज होती हैं ?"

"अरे भाई चुप भी करो।" ससुर समझाने लगे, "वह सुनेगी तो क्या सोचेगी ?"

"अब सुनने सुनाने को रह ही क्या गया है ?" वे फुँफकारी।

उसकी इच्छा हुई कि दौड़कर जाए और कहे दे "माजी मैंने कभी भी किसी भी दिन उनसे किसी चीज के लिए नहीं कहा और फिर मुझे तो बीमे का पता भी

न था ?" पर वह ऐसा नहीं कर सकी।

"शायद सुदीप की पेंशन और फंड के कागजात भी बहू के नाम होंगे ?"

"हो सकता है ?"

एक अनहका तनाव घर में छा गया। रिश्तों में शतरंजी चालों के पेंच पड़ गए। उसने अपनी ओर से उन्हें नाराज न करने का फैसला कर लिया।

सुतीश अंदर आया। देवरानी उसके पास जा पहुँची। दोनों में कुछ बात हुई। सुतीश के मुरझाए चेहरे ने उसके मन को चीर दिया।

सांझ के सूरज की किरणें खिड़की से छनकर आ रही थीं। उनकी तेजी हल्की हो गई थी। वह उदास बैठी थी। गोद में पडे उपन्यास में उसका मन नहीं लग रहा था। बिट्टू-किट्टी शायद बाहर खेल रहे थे।

"ची...ई...चर्र....र....ररररघू......कर्र.....र...." शोर मचाते हुए एक हवाई जहाज निकल गया। अब उसे इस आवाज से एलर्जी हो गई थी। ये आवाजें उसके मन को बींधे डालती थीं। तभी पर्दे की सरसराहट सुनाई दी। पलटकर देखा सामने सुतीश खड़ा था। इन कुछ वर्षों में वह काफी ऊँचा पूरा हो गया था। नौकरी भी कर ली थी। एक क्षण तो उसे ऐसा लगा कि सुदीप ही खड़ा है ?

"भा.....आ.....भी" वह कुछ हिचकिचा रहा था। अपने को व्यक्त करने के लिए शायद साहस बटोर रहा था।

"जी क्या चाहते हैं ?"

"भाभी यदि बुरा न मानें तो कुछ कहूँ ?" वह अटक रहा था ?

"आप क्या कहना चाहते हैं ? आज इतनी परेशानी क्यों अनुभव कर रहे हैं सुतीशजी ?" उसने उत्साह बढ़ाया।"

"बात ये है भाभी। म...मैं....मैं आपके किट्टू, बिट्ट के बारे में सोचता हूँ तो बड़ी परेशानी होती है। अभी आपकी उमर ही क्या है ? ये पहाड़ सी जिंदगी बिना सहारे के आप अकेले कैसे गुजार सकेंगी ?....म....मेरा.....मतलब" वह लड़खड़ा गया।

"तुम कहना क्या चाहते हो ?" अनजाने में वह आप से तुम पर उतर आई थी।

"अगर आप गलत न समझें तो मैं आपको अपनाने को तैयार हूँ ?" एक सांस में सुतीश सब कुछ उगल गया था।

सास की इस चाल ने उसे थर्रा दिया। एक क्षण के लिए सभी कुछ घूम गया। रिश्ते तार-तार हो गए।

उसके बाद जो कुछ हुआ वह कैसे भूल सकती है ? इंकार करने पर दिन-ब-दिन उस घर में उसका रहना दूभर हो गया। उसकी मनाही ने उसके लिए मुसीबतों का ज्वार खोल दिया। तब उस रात बच्चों को लेकर उसे उस घर से निकलना पड़ा। चाहती न थी कि इसके कारण उसके मैके वालों को गालियाँ पड़ें। किसी षडयंत्र

की तोहमत उन पर लगाई जाए। सो सहेली की मदद से दो कमरे उसे अच्छी लोकेलिटी में मिल गए। बी.एड. कर वह शिक्षिका बन गई। बिट्टू को मसूरी के अच्छे पब्लिक स्कूल में भर्ती करा दिया। और वह जीवन संघर्ष में कूद पड़ी। न ज़ाने कितनी बातें, किस्से उसकी मगरूरता और स्वच्छंदता को लेकर गढ़े गए। पर उसने किसी की पर्वाह नहीं की। उसे सबसे अधिक आश्चर्य दुःख तो उसे अपनी माँ जैसी सास के लिए हुआ जो इन सब का स्रोत थीं। एक नारी होकर उसने दूसरी नारी के साथ क्या किया ?

"अब तो बिट्टू भी आ गया है। क्या दाह में पोते को ले जाएँ ?" बाहर से किसी ने पूछा।

"नहीं नहीं ? इसकी क्या जरूरत है ?" सास रोना छोड़कर बोल पड़ी, "सुतीश है तो सही। फिर वह अभी बच्चा है। इन सब को क्या समझेगा ? और कहीं डर गया तो ?"

"राम नाम सत्त है, सत्त बोलो गत है" कहते हुए सब चले गए।

अर्थी के जाते ही सास जोर से फूट पड़ी। उसका मन हुआ कि दौड़कर माजी से चिपटकर जी भर कर रो ले तो मन में घुमड़ रही बदली से छुटकारा मिल जाए। लेकिन अपने लड़के के साथ ही उन्होंने सब रिश्ते जला दिए थे।

उसकी उदास आँखें बिट्टू, किट्टी को ढूँढ़ने लगी।

— □ —

भोगा हुआ दर्द

शायद उसे प्रथम दृष्टि का प्रेम कह सकते हैं, क्योंकि वह पहली ही बार में मुझे पसंद आ गई। उसकी आँखें बड़ी तेज और कान तो विशेष रूप से सुन्दर थे। कवियों और शायरों ने नखशिख वर्णन में जहाँ बड़ी ऊँचाईयाँ दिखाईं, दुर्भाग्य से उन्होंने कानों के सौन्दर्य को सदा ही गोल किया है। पर मुझे तो उसके नयनों के साथ उसके कान भी आकर्षक लगे। और इन सब ने मुझे उसे पाने के लिए उतावला कर दिया। वह एक ऊँचे खानदान की थी, जिसे पाने के लिए और भी लालायित थे। परन्तु अभिन्न मित्र आशीष ने अन्य सभी की तुलना में मुझे तरजीह दी। और बड़े प्यार से उसे मुझे सौंप दिया।

जब मैं उसे लेकर घर आया तो घर ही में दो दल हो गए। टुलु ने बड़े उत्साह से उसका स्वागत किया। वह तो मानो गद्‌गद्‌ हो उठा। बार-बार मुझसे वचन छुड़ाने लगा, "पापा ! अब ये हमारे घर ही रहेंगी ना ? इसे वापस तो नहीं करोगे ?" वह बड़ा मगन हो गया था। उसके आस-पास ही चक्कर काटने लगा। वह भी सकपकाई दृष्टि से टक-टक सब को देख तौल रही थी।

श्रीमती जी ऐसी तुनतुना रही थी, मानो मैं उनकी सौत ही ले आया होऊँ ?

"ना ममी ? आपको चिन्ता करने की जरूरत नहीं ? मैं सब संभाल लूँगा ? देखो न ममी कितनी प्यारी-प्यारी है यह ?" टुलु ने उसकी जुम्मेदारी संभालने का वादा कर दिया।

"अरे ओ ! तू खुद तो संभल जा फिर उसकी हामी भरना" श्रीमती जी तुनक गईं, "तू खुद तो कहीं बस्ता फेंकता है, कहीं जूते, कपड़े ? और स्कूल जाते वक्त मेरी जान नहीं खाता इनके लिए ? बोल तो ?" वे बड़बड़ाई।

श्रीमतीजी का कथन सही था। टुलु ही क्यों मैं खुद भी कई मामलों में इन्हीं पर निर्भर करता था। पर माँ-बेटे को चोंच लड़ाते देख आनंद ले रहा था। तभी मानों उन्होंने अंतिम फैसला दे दिया, "चलो निकालो अभी इसे यहाँ से ? वर्ना मैं कहे

देती हूँ हाँ कि मैं ही इसे कहीं पटक आऊँगी ?''

स्थिति को हाथ से निकलते देख अब मुझे हस्तक्षेप करना पड़ा। बड़े मुलायम और पटाने वाली वाणी में समझाने लगा, ''अजी नाराज क्यों होती हो ? देखो कितनी सुंदर और बढ़िया पप है ? जानती हो आजकल कुत्ता रखना शान और इज्जत की निशानी माना जाता है। अब देखो हमारे पास एक खूबसूरत क्वाटर-फर्नीचर है। सिर्फ कमी थी एक अच्छे कुत्ते की। अपने आशीष के अल्सेशियन ने पाँच पप दिए थे। सभी तुरंत बंट गए। यही बची थी, सो मैं ले आया। बड़ी होने पर एक स्वामिभक्त चौकीदार की कमी पूरी करेगी यह देख लेना। अरी भागवान ! जरा समझ से तो काम लो ? अल्सेशियन जाति के पप का सौ सवा सौ में बिक जाना तो आज कल मामूली बात है ?'' मैंने श्रीमतीजी को अल्सेशियन के अर्थशास्त्र को समझाने का प्रयत्न किया।

अपने को अल्पमत में पाकर तथा शायद अंदर से तर्क को मान खुश हो पर बाहर से नकली नाराजगी दर्शाते हुए उन्होंने उसे स्वीकार कर लिया। तभी टुलु अंदर से एक फटा पुराना बोरा ढूंढ लाया। बाजार से चेन लाने की फर्माईश भी उसने कर दी। ड्राइंग रूम के पास वाले बाहरी बरामदे के एक कोने में उसे स्थान दे दिया गया। इसके बाद भी रसोई को छोड़ वह सारे घर में एक नन्हे मृगछौने-सी दौड़ लगाती थी।

दो दिन तक उसके नामकरण को लेकर घर में बड़ी बहस चलती रही। कुछ लोग उसे छबि, लली आदि नाम देना चाहते थे, पर देसी होने से तुरंत अस्वीकृत कर दिए गए। अधिकांश चाहते थे कि नाम उसकी जाति के अनुरूप अँग्रेजियत प्रगट करने वाला हो। काफी गहन गंभीर चिंतन के बाद उसका नाम रखा गया लूसी।

इस सारे बहस-मुबाहसे में श्रीमती ने अरुचि दिखा कर तटस्थता अपनाई। लूसी बड़ा प्यारा नाम था सभी को पसंद आ गया।

टुलु ने लूसी की जिम्मेदारी अपने नन्हें कंधों पर उठा ली थी। रोज कई बार कहने और डाँटने फटकारने पर भी आठ साढ़े आठ के पहले न उठने वाला टुलु अब रोज छः बजे ही उठ जाता था। चेन से पकड़कर लूसी को प्रतिदिन प्रातःक्रिया के लिए बाहर ले जाने लगा। बड़ी शान से वह लूसी को अपने साथ लिए घूमता। उसने उसे प्रशिक्षण देना भी आरंभ कर दिया। वह अपनी छोटी गेंद को फेंकता और 'लूसी' आवाज लगाते ही वह अपने नन्हे जबड़ों में उसे दबा कर टुलु के पास ले आती। हवा में उछालने हेतु जब वह हाथ लहराता लूसी ऊपर तकते हुए टुलु के आस-पास नाचती और आकाश से आती गेंद को उछल कर मुँह में दबा लेती। 'लूसी शेक हेंड' कहने पर अपना दायां पंजा हाथ में दे देती। अपनी जान में जितने भी करतब टुलु को आते थे, वह लूसी को सिखा रहा था। हम भी लूसी की चपलता, होशियारी व उछलकूद पर प्रसन्न थे।

लूसी के कारण कॉलोनी भर के बच्चे हमारे घर में घुसे रहते। सभी कोई उससे प्यार करना चाहता था। पर वह टुलु का साथ अधिक पसंद करती थी। हर दूसरे-तीसरे दिन, विशेषकर रविवार को टुलु लक्स से रगड़-रगड़ कर लुसी को नहलाता और जिस्म पर पांड्स पाउडर छिड़क कर उसे चमकदार बना देता था। उसके मित्रों की भीड़ इस काम में उसका साथ देती। लक्स और पांड्स का सत्यानाश होते देख श्रीमतीजी भड़क उठती, ''अब उस कल्लो का सिंगार किया जा रहा है ? शरम नहीं आती साबुन-पाउडर बर्बाद करते हुए ?'' और तब वे घर में भीड़-भाड़ देख और झल्ला उठती, ''चलो ? सब कोई भागो यहाँ से ? टुल्ये ! ये क्या भीड़-भड़क्का लगा रखा है घर में ? चलो ! बाहर खेलो अपने इस पिल्ले को लेकर ?''

झापड़ पड़ने के पहले ही टुलु औरं उसकी मित्र मंडली नन्हें कबूतरों की टोली-सी उड़ जाती।

लूसी के लिए मैंने दूध आदि का अलग से प्रबंध कर रखा था। परंतु टुलु चुपके से अपने नाश्ते का एक हिस्सा उसे खिलाया करता था। पर बात यही तक सीमित न थी। लूसी पर प्यार लुटाने के जोश में वह अपनी माँ से चुराकर भी लूसी को कोई न कोई खाने की चीज दिया करता था। और पकड़े जाने पर एकाध चाँटे की परसादी उसे मिल जाती थी।

शुरू में तो टुलु ने मेरे लिए एक समस्या ही पैदा कर दी थी। वह लूसी को अपने साथ ही सुलाने की जिद करने लगा। पर श्रीमतीजी ने डाँटा, ''खबरदार ! जो उसे अपने बिस्तर पर सुलाया तो ? तू खुद तो अभी भी पेशाब करता है। उसे अपने साथ सुलाकर क्या, सारे बिस्तर का सत्यानाश करना है ?'' टुलु का मुँह उतर गया और लूसी को साथ सुलाने की जिद उसने छोड़ दी। पर रात-बिरात जाग कर बरामदे में सोई लूसी को वह अवश्य देख आया करता था। और लूसी भी दुम हिला कर, या हाथ चाट कर अपना प्यार उतनी रात में जता दिया करती थी।

प्रकृति ने पशु-पक्षियों को यह विशेषता दी है कि जन्मते ही उनकी बाढ़ बड़ी जल्दी होती है। अल्सेशियन जाति के अनुरूप लूसी भी आकार और डीलडौल पकड़ रही थी। कद उसका कद्दावर हो रहा था। जिस समय हमारे टुलुजी की ऊँचाई और वजन उमर के साथ धीरे-धीरे बढ़ रहे थे, उस समय लूसी की रफ्तार दुगनी तिगुनी थी। टुलु की गोद में समा जाना अब उसके बस की बात न थी।

आशीष उस दिन जब घर आया तो बाहर ही थम गया। अंदर आने की उसकी हिम्मत न हुई। बाहर रुका देख मैंने उसे आवाज दी, ''अमा यार बाहर क्यों रुक गए ? अन्दर आओ न।''

''तुमने शेरनी जो पाल रखी है ? उसके रहते भला मैं कैसे अंदर आ सकता हूँ ? पहले उसे बांधो ?'' आशीष भुनभुनाया।

सतर्क नजरों से लूसी आशीष को घूर रही थी। उसके कान सावधान थे और

जबड़ों से हल्की-सी गुर्राहट फूट रही थी। आशीष के बरामदे में कदम रखते ही मानो वह लपक लेना चाहती हो।

बरामदे में आकर मेरे 'लूसी' कहते ही वह मेरे पास आकर दुम हिलाने लगी और उसके तेवर ढीले पड़ गए। मैं उसे स्नेह से थपथपाने लगा, तब आशीष अंदर आया।

सोफे पर बैठते हुए मैंने आशीष से पूछा, "तुमने इसे पहचाना नहीं क्या ?"

"नहीं तो ?"

"अरे यार ! यही तो वह पप है जिसे तुमने मुझे दिया था ?" मैंने याद दिलाया।

"अरे यह मेरी लाइका की बेटी है ? इसकी कद-काठी तो बड़ी शानदार निकल आई है यार।" आश्चर्य से आशीष की आँखें फैल गईं।

इसी बीच लूसी ने आशीष के आस-पास घूम-सूँघ कर उसे भाँपने का प्रयत्न कर लिया।

उमर की बाढ़ के साथ लूसी चालाक, तेज और समझदार हो गई। टुलु ने एक-दो करबत और सिखा दिए। अब वह सायकल के टायर के गोले घेरे में से कूद जाती थी। टुलु जमीन पर अपने किसी दोस्त को बैठा देता और लकड़ी का इशारा पाते ही वह उस पर से भी कूद जाती। उसने ये कमाल मुझे, अपनी माँ और मित्रों को भी दिखाए। परंतु श्रीमतीजी ने लूसी के इन करतबों के प्रति वितृष्णा ही दिखाई।

उस दिन मैं अपनी स्टडी में बैठा फाइलें निपटा रहा था। काम कराने वालों, सिफारिशबाज नेताओं और धीमे करने की कसम खाए कुछ बाबुओं के कारण आफिस का काम आफिस में पूरा नहीं हो पाता था। इस कारण फाइलें घर भी मंगवानी पड़ती थीं। और मैं उन्हीं में उलझा था। टुलु भी पास बैठा पढ़ रहा था। "आपको कभी घर के काम के लिए भी समय मिलेगा क्या ?" दरवाजे में खड़ी श्रीमतीजी की नजरों में हल्की सी नाराजगी तैर रही थी।

"क्यों क्या बात है ?" मैं अचकचा गया।

"कुछ नहीं। कोई बात कहे बिना क्या आप कभी समझ सकते हैं ? न आपको आफिस के काम से फूर्सत है न बच्चे को लूसी से ? और घर में चूहे हैं, कि सब कुछ नष्ट किए जा रहे हैं ?" शिकायत की पिटारी उन्होंने खोल दी।

"यदि आपको समय हो तो चूहादानी या चूहामार दवा ला दीजिए ?" उन्होंने ही सुझाया।

"ठीक है, ठीक है, मैं आज-कल में ही प्रबंध कर दूँगा।" मैंने आश्वासन दिया।

पर मैं आफिस की उलझनों में भूल गया। बात आई गई हो गई। तभी टुलु ने एक नया कमाल कर दिखाया।

रविवार होने से मैं ड्राइंग रूम में बैठा चाय की चुस्कियों के साथ अखबार

का आनंद ले रहा था। श्रीमतीजी भी किसी फिल्मी पत्रिका के पन्ने पलट कर हिरोइनों की साड़ी ब्लाउज के फैशन देख रही थीं। तभी टुलु ने आकर टोंका, "पापाजी, पापाजी आइए आपको एक चीज दिखाएँ ?" मेरा हाथ पकड़ कर उसने खींचा, "आइएना ममीजी आप भी ?"

हम दोनों उसके साथ अंदर के कमरे की ओर बढ़ लिए। हमें दरवाजे पर ही खड़ा कर वह कमरे में चला गया। कमरे में लूसी अपनी झबरीली दुम हिलाते हुए गोदरेज की अलमारी, पेटियों और रेक्स के पीछे सूंघती फिर रही थी। उसकी सतर्क आँखें और सावधान शरीर कुछ भाँपने की कोशिश कर रहे थे। मेरी समझ में कुछ नहीं आया। मैंने श्रीमती की ओर देखा। वे भी उत्सुकता से टुलु और लूसी की कार्रवाई देख रही थीं। तभी टुलु के अलमारी को थोड़ा-सा खटखटाते ही एक चूहा बाहर की ओर भागा। चालाक बिल्ली के समान लूसी ने लपक कर चूहे को दबोच लिया। और कमरे से बाहर भाग चली।

"शाबास लूसी शाबास" कहते टुलु भी उसके पीछे दौड़ लिया।

"लो अब तुम्हारी चूहा समस्या का हल टुलु-लूसी ने निकाल दिया। अब तो लूसी से खुश हो या नहीं ?" मैंने श्रीमतीजी को छेड़ा।

"ठीक है, ठीक है। देखती हूँ कितने चूहे तुम्हारी लाड़ली पकड़ती है ?" मुँह टेढ़ा कर पर तिर्यक मुस्कान ओठों पर लिए वे रसोई में चल दीं। और सच ही एक सप्ताह के अंदर टुलु-लूसी की टीम ने सारे चूहे साफ कर दिए।

मनुष्य की तरह पशु-पक्षी भी प्यार और घृणा को बड़ी सहजता से जान लेते हैं। लूसी इसका अपवाद न थी। वह समझ गई थी कि घर मालकिन उसे नापसंद करती है। अतः वह उनसे दूर ही रहा करती थी। रसोई में अकेले कभी न जाती थी। यदि मेरे या टुलु के साथ कभी चली भी गई तो अगले दो पंजों पर सिर दिए पड़ी रहती। बिना दिए किसी वस्तु को सूंघती-खाती न थी।

टुलु पर लूसी का सर्वाधिक प्यार होने से वह उसे स्कूल लेने व छोड़ने जाती। उसके कारण कोई भी अजनबी घर के बरामदे तो क्या कम्पाउंड में भी घुसने की हिम्मत न कर सकता था। उसका डील-डौल और गुर्राहट ही उनके लिए काफी था।

उस रविवार एक मित्र के यहाँ भोजन पर सारा परिवार निमंत्रित था। सूने घर की रखवाली को ध्यान में रख लूसी को न ले जाने का तय हुआ। उसे कम्पाउंड में छोड़ हम टेम्पो में रवाना हो गए। घर से काफी दूर निकल आए थे, तभी श्रीमतीजी की चीख सुनाई दी, "अरे भाई टेम्पो वाले रुको-रुको जरा गाड़ी रोको।"

"क्यों क्या बात हो गई ?" चकरा कर मैंने पूछा। टेम्पो की स्पीड कम हो गई।

श्रीमतीजी ने झल्ला कर कहा, "जरा पीछे मुड़कर तो देखिए ?"

दूर से लूसी टेम्पो के पीछे-पीछे दौड़ी चली आ रही थी। शायद कम्पाउंड की दीवार फाँद कर वह टेम्पो के पीछे दौड़ पड़ी थी। तेजी से दौड़ कर आने के कारण

जीभ निकाले वह हाँफ रही थी। टेम्पो के रुकते और टुलु का इशारा मिलते ही वह अंदर घुस आई। अपने बदन को समेट कर भीगी बिल्ली की तरह हमारे चरणों में लोट गई। मित्र के घर में जिस अनुशासन का परिचय उसने दिया वह अद्‌भुत था। बच्चे टुलु के निर्देश पर उस पर लोटे, उसे घोड़ा बनाया, न जाने क्या-क्या किया। श्रीमतीजी ने डांट कर जहाँ बिठाया वहीं बैठी रही। जो दिया वही खा लिया वर्ना अगले पैरों पर सिर दिए पड़ी रही। जिस आज्ञाकारिता, अनुशासन और बच्चों के प्रति प्यार का परिचय उसने दिया उस सबने मुझे अभिभूत कर दिया।

कुछ दिनों से लूसी के व्यवहार में परिवर्तन आ गया था। इसकी शिकायत मुझे मिली टुलु से। आजकल वह दिन भर गायब रहती थी। रात में भी कभी-कभी देर से आती थी। व्यस्तता के कारण मैंने इस ओर ध्यान नहीं दिया। उस रात जब वह देर से घर लौटी और दरवाजा भड़भड़ाने लगी तो श्रीमतीजी भन्ना उठी, "जाइए। अब अपनी चहेती के लिए दरवाजा खोल उसे खाना खिलाइए ? भई मैं तो थक गई हूँ मैं नहीं जा सकती ?"

लूसी को लेकर मैं उनकी नाराजगी से परिचित था ही। अतः चुपचाप दरवाजा खोलने चल दिया। पर हमारे टुलु जी पहले से ही बरामदे में मौजूद थे। दरवाजा खुलते ही "कूं....कूं...कूं.... करते हुए लूसी अंदर आकर मेरे चरणों में लोटने लगी। मेरे आफिस से आने पर वह इसी प्रकार से प्यार जताया करती थी। लूसी उठ कर टुलु का हाथ चाटने लगी। तभी मुझे कम्पाउन्ड के अंधेरे उजाले में एक अल्सेशियन हमें घूरता दिखाई दिया।

"देख तो टुलु ये कौन सा कुत्ता और आ गया रे ?" मैंने इशारा किया।

"पापाजी ! आजकल ये बेंडी दिन भर इसी कुत्ते के साथ घूमती-फिरती है। मेरे बुलाने पर भी नहीं आती। मैंने कई बार पत्थर मार कर उसे भगाने की कोशिश की पर वो बेंडा भी भागता नहीं ? लूसी अब मेरी भी नहीं सुनती ?" टुलु तुनक गया था।

मैं मुस्करा कर रह गया। लूसी अपनी जगह पर जा लेटी।

उस दिन के बाद से लूसी ने बाहर जाना बंद कर दिया। घर में वह सुस्त पड़ी रहती। टुलु के साथ खेलना भी कम कर दिया। और एक रात में बरामदा छोड़ वह पीछे के गराज में चली गई।

सुबह जब मैं नींद की खुमारी में ही था तभी टुलु दौड़ा-दौड़ा आया। हाँफते हुए मुझे झकझोरते बोला, "पापाजी पापाजी लूसी ने चार बच्चे दिए हैं। गराज में। चलिए ना पापाजी। देखिए ना कितने सुन्दर हैं। प्यारे-प्यारे। उनमें से एक चितकबरा है। वे लूसी का दूध पी रहे हैं ?" वह मेरी चादर खींच रहा था।

"तू चल मैं अभी आता हूँ।" कहते हुए मैं उठूँ उसके पहले ही टुलु भाग लिया।

लूसी को देखने जाने के पहले मैंने ब्रश किया। फिर चाय के लिए ज्यों ही रसोई में गया तो श्रीमतीजी को गायब पाया। हाँ कढ़ाई में नाश्ता आदि पड़ा था। मैंने सोचा वे आती हैं तब तक लूसी को ही देख लिया जाए। मैं गराज की ओर चल दिया। परंतु वहाँ का दृश्य देख कर दंग रह गया।

अधलेटी लूसी बड़े मजे से हलवा खा रही थी। पास कटोरे में दूध पड़ा था। उसकी टांगों के बीच चार सुंदर पप उसकी गोद की गर्मी का आंनद लेते हुए दूध पी रहे थे। और श्रीमतीजी बड़े स्नेह से उसकी पीठ पर हाथ फिरा रही थीं। पास खड़ा टुलु उन चार पप्स को बड़ी ललचाई निगाहों से तक रहा था, शायद छूने की इच्छा लिए।

मैंने उन्हें छेड़ना उचित न समझा। चाय-नाश्ते की तलप लिए दबे पांव ड्राइंग रूम में लौट आया।

— □ —

ढलान

घर जाने के लिए निकला तो चपरासी अब्दुल्ला ने आवाज दी ''सर ! डाक देखते जाइए।''

''क्यूँ मियां। कोई खत-वत है क्या ?''

''देख लीजिए सर।'' अब्दुल्ला ने डाक सामने कर दी। दो-तीन चिट्ठियाँ पलटने के बाद ही उसे अपने नाम का लिफाफा दिख गया। बाद में आराम से पढ़ने के ख्याल से उसे जेब के हवाले करने लगा। पर निगाहें भेजने वाले का नाम टटोलने लगीं। लिफाफे को पलटा। उतरते वक्त एक सीढ़ी चूक जाने पर जैसे कोई झटका खा जाए वैसा ही उसने महसूस किया। भेजने वाले का नाम था रुखसाना कौसर। जल्दी से खत को खोल कर पढ़ने लगा।

''जनाब परवेज साहब, आदाब। खत देखकर आपको तआज्जुब तो होगा।'' हाँ ! चकित होने जैसी बात थी भी। रुखसाना का खत पाने की उसने कभी कल्पना भी नहीं की थी। उस लड़की से वह कुल जमा दो-तीन बार ही तो मिला था। मुलाकात गहराई भी नहीं थी कि उसने खत ही भेज दिया। रुखसाना को वह अपनी आपा (बड़ी बहन) के यहाँ मिला था। पड़ोसन थी [illegible] उनकी। कभी-कभी मिलने आ जाया करती थी। आपा ने बताया, लड़की बड़ी बहादुर है। अपने छोटे भाई के साथ अलग रहती है। अब्बा की मौत के बाद अम्मी उसकी शादी ऐसी जगह करना चाहती थी, जो उसे नापसंद था। उसे तो सलीम पसंद थे। अब्बा ने मरने के पहले कभी उससे बात चलाई थी। वह भी सलीम को देख मिल चुकी थी।

और सलीम को लेकर वह सपने बुनने लगी थी। जब अम्मी ने उसकी जिंदगी में एक नया रोड़ा पटकना चाहा तो उसने बगावत कर दी। विरोध में घर छोड़ना पड़ा। अब वह सड़क पर थी। पर हिम्मत न हारी। बी.ए. पास थी ही, नौकरी ढूँढना शुरू कर दिया। थोड़ी भाग-दौड़ के बाद मिल भी गई। सलीम पढ़ रहे थे। और पेंटिंग उनका शौक था। अधिक कुछ करने की हालत में वे थे भी नहीं। उधर अम्मी ने

उस लड़के को अपने पास ही रख लिया। वह इतना जबर्दस्त निकला कि उसके कारण शबनम और नवाब को भी घर छोड़ना पड़ा। अब वे तीनों एक साथ थे। उस लड़के ने अम्मी को अपने सर्पिले प्रभाव में इतना अधिक ले लिया कि उन्हें किसी की कोई भी बात अच्छी न लगती। जब शबनम और नवाब भी रुखसाना के साथ रहने चले गए तो अम्मी ने उसे अपना कट्टर दुश्मन मान लिया।

परवेज को भी उसकी हिम्मत की दाद देनी पड़ी। अगली बार जब वह उससे मिला तो उसने रुखसाना का हौसला बढ़ाने वाली बात की। जब वह तीसरी बार आपा के घर गया तो वह पड़ोस खाली कर दूसरी जगह रहने चली गई थी। उससे मिलने की कोई कशिश उसने अनुभव नहीं की। अपना काम खत्म कर वह वापस आ गया। आज यदि यह खत उसे न मिलता तो शायद उसे भूल भी जाता। रुखसाना में उसे कोई खासियत भी दिखाई नहीं दी थी। आम लड़कियों में से एक थी वह। खत के जरिए उसकी आकृति पकड़ने की कोशिश करने लगा। तीखे नाक-नक्श, साँवला-सलोना रूप, दुबली-पतली काया। आज इस खत के माध्यम से पुनः आ खड़ी हुई। पुरानी यादें ताजा हो गईं।

खत फिर से पढ़ने लगा, इन दिनों खासी मुसीबत में हूँ। नौकरी छूट गई है। क्योंकि अफसर और साथी, साथ काम करने वालियों से बहुत कुछ उम्मीदें लगा बैठते हैं। दिमागी परेशानी के इस आलम में हमें अचानक आपकी याद आ गई। और यह खत मौजूद है। न जाने क्यूँ हमने आपको खत लिख डाला। हमें भी नहीं मालूम ? आप कुल जमा दो-तीन बार तो मिले हैं हम से। उन मुलाकातों में आपने जो हमारी हिम्मत बंधाई, उसी की वजह से शायद आपको लिखने का साहस हुआ। वे बातें अभी भी याद आती रहती हैं। बड़ी झिझक होती है फिर भी लिख रही हूँ। आप ही मदद कर सकते हैं।

वह समझ गया। नौकरी छूट जाने की वजह से रुखसाना की माली हालत ठीक नहीं है। वह पढ़ने लगा, ''आप हमें उससे निजात दिला सकते हैं। दूसरी नौकरी तलाश रही हूँ।' और उसने दो सौ रुपए का मनीऑर्डर भेज दिया। दूसरा खत अहसान से भरा था। दूसरी नौकरी वह तलाश रही थी। इसी बीच उसने दो-तीन ट्यूशनें कर ली थीं। खतो-किताबत का सिलसिला चल निकला।

परवेज को बड़ा मजा आने लगा। उसके खत बड़े मजेदार होते थे। एक नया शगल शुरू हो गया। वह एक रोमांस का अनुभव करने लगा। वह रुखसाना की छवि को बार-बार दिमागी पर्दे पर लाने की कोशिश करता और वह थी कि धुँधला जाती थी।

अगली बार, सरकारी काम निकालकर वह अपनी आपा के यहाँ गया तो रुखसाना से मिलना न भूला। अहसान के अहसास से उसकी पलकें झुकी हुई थीं। उस दुबली-पतली काया में उसने एक तीखा खिंचाव महसूस किया। लगा निगाहों

के उन लबों के पीछे शोखी, चंचलता का समंदर ठाठें मार रहा है। उन दोनों ने उसकी समस्याओं पर बातचीत की। परवेज ने उसका हौंसला बढ़ाया। उसे कहा कि वह डरे घबराए नहीं। वह उसकी मदद के लिए हमेशा तैयार है। यह मुलाकात छोटी-सी थी। पर परवेज के दिल में गहराई तक उतर गई। अब वह बेचैनी से उसके खतों का इंतजार करता। उसकी बातों के समान ही उसके खत रसीले होते थे। खतों और मुलाकातों की संख्या बढ़ने लगी। वह जल्दी सरकारी दौरों पर उसके शहर जाने लगा।

अब वह अपनी आपा से कतराता। नहीं चाहता था कि किसी को भी उनके मेल-जोल का पता चले। हर मुलाकात के साथ रुखसाना अधिक खुलती चली गई। वह अधिकार जताने लगी। उसे यह सब अच्छा लगता था। वह उसे छोटे-मोटे तोहफे भी देने लगा। अपनी आपा और दूल्हा भाई के डर से वह उससे काफी हाउस में मिलने लगा।

जब पहली बार वे काफी हाउस पहुँचे तो उसका दिल बल्लियों उछलने लगा। वह उससे ढेर सारी बातें करना चाहता था। पढ़े हुए नाविल और देखी हुई फिल्मों के डायलाग दुहराना चाहता था। पर चर्चा दूसरी चल पड़ी।

''पहले कभी काफी हाउस आई हो ?'' वह हकलाया।

''हाँ ! एक बार सलीम साहब के साथ आई थी।'' वह शरमा-शरमा रही थी, ''पर वह इतना महंगा काफी हाउस न था।''

''यह भी ! महंगा कहाँ है ?'' उसने सफाई दी। ''फिर भी ! है तो ऊंचे दर्जे का ? हाँ ! आप हमें इतने कीमती तोहफे क्यूँ देते हैं ? आप जानते हैं हम आपके रुपए वापस नहीं कर पाएँगे ? पहली ही रकम बड़ी मुश्किल से चुका पाए हैं।''

''मुझे एक सकून मिलता है। मैंने कभी भी तकाजा नहीं किया है। हाँ ! जिस बहादुरी से तुम मुसीबतों का सामना कर रही हो, ऐसे में थोड़ी सी मदद देकर कोई बहुत बड़ा काम थोड़े ही कर रहा हूँ ?''

''फिर भी ?''

''सच कहूँ !'' मुझे तुम्हारा साथ, तुम्हारे खत, सभी कुछ अच्छे लगते हैं। क्या मैं तुम्हारा अच्छा दोस्त नहीं बन सकता ?''

वह शर्म से सुर्ख हो गई। संवलाए चेहरे पर दौड़ गई लाली ने कानों के लबों को लाल कर दिया। भौंहें अधिक नुकीली लगीं। उसे खूब मजा आ गया। लंगा उसने एक जाम पी लिया हो। अब एक लड़की उसकी दोस्त है। चलने के पहले बैरा को अच्छी-खासी टीप दी। नजर बचा कर उसके पर्स में भी कुछ रुपए ठूंस दिए। बढ़ती मेल-मुलाकात ने परवेज की झिझक समाप्त कर दी। अब वह खुलकर बातें करता। कभी-कभी होशियारी से अपना प्यार भी जता देता। ऐसे मौकों पर वह उसे टोक दिया करती। उस दिन भी जब वह भावनाओं की रौं में बहने लगा तो रुखसाना ने उसके ओठों पर कोमल हथेली रख दी, ''क्या हम अच्छे दोस्त बने नहीं रह सकते ?

आप ही ने तो कहा था कि आपको हमारी दोस्ती ही चाहिए ?"

"मैं मुआफी चाहता हूँ रुखसाना ?" वह हड़बड़ा गया।

"आप ये क्यूँ नहीं समझते हम दायरों में घिरे हुए हैं। आप जानते हैं सलीम साहब से हम बंधे हैं। उन्हीं की खातिर घर छोड़ा। दूसरे दायरे में हैं आप, हमारे दोस्त, क्या हमें अपने दायरे छोड़ना चाहिए ?"

वह शर्म से गड़ गया। उसे छिपाने के लिए उसने बैरा को आवाज देकर बुलवा लिया। अपने लिए उसने सिर्फ काफी मंगवाई और रुखसाना के लिए खाने का सामान भी। बैरा ने सेंडविचेज की एक ही प्लेट जब सामने रखी तो रुखसाना ने पूछ लिया, "आप नहीं खाएँगे ?"

"मेरा दिल नहीं करता। फिर मैं अभी खाकर ही आया हूँ।"

"नहीं ! लीजिए आप भी ? खाइए हमारे साथ ?" पूरे अधिकार के साथ वह परवेज को हुक्म दे रही थी। वह असंमजस में पड़ गया। रुखसाना सेंडविच कुतुरने लगी। बहुत जोर देने पर उसने भी आधा सेंडविच खाकर बचा प्लेट में रख दिया। पर उसे मजा नहीं आया। धीरे-धीरे काफी सिप करने लगा। बीच-बीच में वह कप टेबल पर रख देता।

"भई हमें तो भूख लगी है। क्या हम आपकी सेंडविच ले सकते हैं। ?"

वह कुछ जवाब दे इसके पहले ही उसकी जूठी सेंडविच वह खाने लगी। उसने उसे गड़बड़ा दिया। तभी रुखसाना ने उसकी काफी का प्याला भी उठा लिया, "क्या हम ले सकते हैं ?"

वह कुछ सोच समझकर उत्तर दे इसके पहले ही उसने प्याला खाली कर दिया। वह हैरान रह गया।

"वैसे एक बात बता दें ! भई हमें आपका साथ, आपकी बातें बड़ी अच्छी लगती हैं।" उसकी चहक में छेड़ थी।

क्या वह कभी इस लड़की को समझ पाएगा ? कहती कुछ है और करती कुछ और ? उसकी इस अदा में भी एक खिंचाव था। जिससे छूट पाना शायद मुश्किल था।

उस दिन जब रेस्तरा के केबिन में अकेले हुए तो उसने जान-बूझकर एक प्लेट कटलेटस मंगवाए। चकित बैरा प्लेट रखकर चला गया।

"शायद आज भी आपको भूख नहीं है ?" रुखसाना शैतानी से मुस्कराई।

"नहीं ! ऐसी तो कोई बात नहीं है ?" वह झेंपा पर एक दुस्साहस कर बैठा। काँटे से एक टुकड़ा काट कर उसे उसकी ओर बढ़ा दिया। अपने दिल का सारा प्यार आँखों में उतार कर बोला, "खा लो ?"

"जी नहीं ? प्लीज हमें बख्शिए ? खुदा के लिए ऐसी बात न करिए जिस के लिए हमें इनकार करना पड़े ?" वह उदास हो गई।

"ठीक है ! मैं कोई ऐसा काम नहीं करूँगा जो तुम्हारी इच्छा के खिलाफ हो ?"

थोड़ी देर तक सिर्फ चम्मच-कांटों की आवाज आती रही।

"आप नाराज हो गए ?"

"नहीं ?"

"फिर क्या सोच रहे हैं ?"

"सोच रहा हूँ तुम्हें कब समझ पाऊँगा ? कभी तो बहुत पास आ जाती हो ? थोड़ी ही देर में परे ढकेल देती हो ?"

"देखिए परवेज साहब हम यह सब सलीम से चाहते हैं। जब वे नहीं दे पाते तो आपके पास भाग आते हैं ?"

उन दोनों के बीच सलीम है। वह सिहर उठा। उसे सलीम से जलन होने लगी। तब उसने हर लम्हे का पूरा फायदा उठाने का फैसला कर लिया।

"अब क्या सोच रहे हैं ? कुछ बातें क्यूँ नहीं करते ?"

"भई सुन सकोगी तुम ! बरसात के एक दिन सुनसान जंगल में उफनती हुई पहाड़ी नदी की खूबसूरती को हम निहारते रहे। दरख्तों से रह-रह कर पानी टपक रहा हो ? तुम्हारी जूही-सी कोमल अंगुलियों में स्टीयरिंग हो ?" दोनों कल्पना लोक में खो गए। "ओह ! आप कितना बढ़िया सोचते हैं ? हम कोई इतने सुंदर थोड़े ही हैं। जितना आप सोचते हैं ?"

"कभी भी तुमने अपने आप को हमारी निगाहों से नहीं देखा है ? अरे हाँ ! नहाने के बाद गुस्लखाने से निकलने पर कभी तुमने अपने खूबसूरत जिस्म को आदम कद शीशे में देखा है ?"

"हटिए ! हाय अल्ला ! आप क्या कह रहे हैं ?" उसने हथेलियों में अपने चेहरे को छिपा लिया। मानो वह उसके सामने अभी-अभी बेपर्दा हो गई हो। वह लाजवंती-सी सिमट गई। अनजाने में अंगुलियों को देखने लगी।

उसकी तीव्र इच्छा हुई कि उसे अपने आगोश में समेट ले। पर बड़ी मुश्किल से अपने को जब्त कर सका।

रेस्तरा से निकल वे घर की ओर चल दिए।

"आप कितनी मजेदार बातें करते हैं ? क्या आप ये सब सलीम को नहीं सिखा सकते ? हम चाहते हैं जो कुछ आप कहते हैं, सलीम हम से कहें। पर वे हैं कि सदा चुप-चुप रहते हैं।" वह उदास हो गई।

"तुमने तो आज तक उनसे मिलवाया ही नहीं ?"

"आप नहीं जानते ? वे नहीं चाहते हम किसी से मिलें। जबकि वे खुद कई लड़कियों से दोस्ती किए हुए हैं। वे तो हमें पर्दे में बिठाना चाहते हैं। शादी के बाद शायद वे करेंगे भी यही।"

"तुम तो आजाद परिंदा बन गई हो। यह सब सहन कैसे करोगी ?"

"देखा जाएगा ? फिर अभी शादी का भी क्या ठीक ? नवाब और शबनम की जिम्मेदारी हम किसी और पर डालना नहीं चाहते ? सलीम पर भी नहीं।"

वे शमशान के पास पहुँच गए थे। कोई चिता जल रही थी, एक तारा टूट गया था। एक सिहरन ने दोनों को कंपकंपा दिया। अंजाने में उसने उसका हाथ पकड़ लिया। उसने होले से परे हटा दिया।

"प्लीज ! खुदा के वास्ते हमारे जज्बात से न खेलिए। जब हम अकेले रहते हैं तो आपकी बातें परेशान कर देती हैं।"

दोनों चुपचाप चलते रहे। थोड़ी देर बाद उसने छेड़ा, "तुम्हारे घर कुरान है ?"

"क्यूँ ?"

"अब हम कुरान, खुदा और दीन धर्म की बातें किया करेंगे ?" "आप बड़े वो हैं ?"

"भई। अब तुम्हीं बताओं मैं क्या करूँ ? प्यार-मुहब्बत की बातें तुम्हें अच्छी लगती हैं, पर कर नहीं सकता ? जिस्म को छू नहीं सकता। तुम्हारे चारों ओर सलीम की लक्ष्मण रेखा जो खिंची है। तो फिर खुदा, कुरान और दीन धर्म ही तो रह जाते हैं" वह हंस पड़ा।

खामोशी के साथ वे चलते रहे।

"अब तुम क्या सोच रही हो ?"

"ऐसे में कहीं तुम्हारे दूल्हा भाई आ जाएँ तो ?" उसने छेड़ा।

"तुम बड़ी जालिम और खतरनाक हो।" वह सिहर उठा, "खतरों से खेलना शायद तुम्हारी आदत है। और कहीं सलीम मिल जाएँ तो ?"

"हम कोई डरते थोड़े ही हैं आपकी तरह ? खट से आपका परिचय उनसे करा देंगे। भई ! जो बात अपने दिल को अच्छी लगे उसे करने में डरना क्यूँ ? आप ही डरिए अपनी बहन और दूल्हा भाई से ?" उसने ताना मारा, "अरे हाँ ! हमारा घर आ गया।"

वे एक गली के मोड़ पर पहुँच गए थे।

"अच्छा तो हम चलें ? आपका काफी समय लिया। मुआफी चाहती हूँ अपनी गुस्ताखियों के लिए।"

"गुस्ताखी तो अब कर रही हो ?.....अब कब मिलोगी ?"

"आप अगली बार कब आ रहे हैं ?"

"जल्द ही आऊँगा।"

"तब तक के लिए अलविदा।" पलट कर गली में दौड़ गई। कुछ दूर जाने पर फिर पलटी, धीरे से 'खुदा हाफिज।' कहकर अंधेरे में खो गई।

वह खड़ा-खड़ा सोचता रहा, एक अजीब-सी उलझन में फंसता जा रहा है। यह कैसी जलन है, जिसमें सुख भी है और दुःख भी। उसे लगा कि वह तिकोन

का एक बिंदु है, दूसरा सलीम और तीसरा रुखसाना। उसका हँस कर बातें करना, रोमांटिक व्यक्तित्व ! वह चाह कर भी उससे दूर नहीं रह सकता था। अगली बार जब वह उससे मिला तो उखड़ा पाया।

"क्या बात है ? बड़ी बोखलाई हो ?"

"देखिए ना ? सलीम अपने आपको क्या समझते हैं ? हमने उन्हें जब कहा कि पिक्चर दिखाने ले चलिए तो साफ मना कर गए। किसी लड़की को स्टूडियो में लिए बैठे हैं। कह रहे थे आज इस मॉडल की तस्वीर बनानी है। जैसे हमारी इच्छा की उनके लिए कोई अहमियत ही नहीं, कोई कीमत ही नहीं ?" वह गुस्से से तमतमा रही थी। वह चुप रहा।

"आपको फुर्सत है ? हम पिक्चर जाएँगे ?"

"चलो।"

वे सिनेमा हॉल के अंधेरे में खो गए। कुछ देर बाद धीरे से वह जब उसके हाथ से खेलने लगा तो उसने रोका-टोका नहीं, न ही कुछ बोली, न ही छुई-मुई की नन्हीं शाख-सी सिमटी। परवेज समझ गया आज वह सलीम से सख्त नाराज थी। ढलान जिस ओर होती है न चाहते हुए भी भावनाएँ और पानी उसी ओर बहने लगते हैं।

— □ —

तलाश एक घर की

वह महसूस कर रही थी दूसरों की अपेक्षा वह कुछ अधिक ही संवेदनशील है। इन दिनों जब कि संवेदनाएँ मरती जा रही हैं, हर एक को अपनी ही पड़ी है। बड़े से बड़े हादसे पर लोग एक पल के लिए सिर्फ भौंहें चढ़ा कर रह जाते हैं। ऐसे मे अपनी संवेदनाओं को लेकर वह क्या करे ? इन्होंने उसे सारे जीवन परेशान किया। अक्सर खुद को अनाथ और अकेलेपन से पीड़ित पाया। अपनों की थोड़ी-सी कोंच ने भी उसे दुखित ही अधिक किया। अक्सर लोग जिन बातों को हँसकर टाल देते हैं, औरतें भी जिन्हें दुर्लक्षित कर जाती हैं, वे न जाने क्यों उसे सालती रहती हैं।

घर-गृहस्थी, अड़ोस-पड़ोस की जो बातें, गप्पें औरतों को उलझाए रखती हैं, चटखारे ले-लेकर जिनकी चर्चाएँ की जाती हैं, उनकी ओर उसने कभी ध्यान नहीं दिया। उसे तो पेंटिंग, संगीत और किताबों से बड़ा लगाव रहा। कॉलेज के दिनों में भी गर्ल्स कॉमन रूम में गॉसिपिंग करने के बजाय या तो वह लाइब्रेरी चली जाती या चित्रकला विभाग में घुसी रहती। पायल विश्वास नहीं कर पाती कि उसकी दादी-माँ कभी कॉलेज में पढ़ी थी। अच्छी चित्रकार थी। जब से उसने होश सँभाला है, तभी से मोटे फ्रेम के चश्मे से झाँकती दादी-माँ की तरल दृष्टि और चाँदी-से सफेद बालों को देखती आ रही है। उसे लगता दादी-माँ सदा से ही बूढ़ी हैं। चकित पायल उनसे खोद-खोदकर पूछती, "सच दादी-माँ ? आप कॉलेज पढ़ने जाती थीं ? आप पेंटिंग भी करती थीं ?" अपनी नातिन के सारे प्रश्नों का उत्तर वे एक मौन फीकी मुस्कान से देतीं। पायल उन्हीं से चिपटी रहती। गले में नन्हे हाथ डाल झूल जाती। उसे भी अच्छा लगता।

हर साँझ बंगले के बाहरी गेट के दोनों ओर बनी छोटी मुंडेरों में से एक पर जा बैठती। पेड़ों के साये जब लंबे होने लगते, साँझ के झुटपुटे में बंगले के सामने की सड़क के उस पार की ऊबड़-खाबड़ पहाड़ियों और दरख्तों के झुरमुट के पीछे डूबते सूरज के गोले की स्वर्णिम पिलास उसे बड़ी सुहावनी लगती। दिन भर तपने-तपाने वाला सूरज नन्हे यात्री-सा थका जब धरती की गोद में, रात की चादर ओढ़, सोने की तैयारी करता दीखता तो वह अभिभूत हो उठती। ऐसे में कोई काली बदली आधे सूरज को ढँक लेती तो लगता प्रकृति के चितेरे ने बढ़िया पेंटिंग उकेर दी है। अपने घोंसलों को लौटती चिड़ियों का झुंड वातावरण को पार करता दिख जाता तो उसकी आत्मा सुख से भर जाती।

सौंदर्य के उन क्षणों से नहा उठती। इच्छा होती अंदर दौड़ जाए। धूल खा रहे केनवास, ब्रश और रंगों के ट्यूब्स ले आए और प्रकृति के उस सौंदर्य को कैद कर ले। पर यह सब तो पीछे छूट गया है। मन को मारना वह सीख गई है। बस एक ही शगल रह गया है। सारा दिन साँझ की बाट जोहा करती है। जानती है यदि इस अपूर्व सुंदरता को एक बार केनवास पर उतार भी ले तो उसे किस घर में सजाएगी। जो बना रखे हैं, वे ही धूल खा रहे हैं।

सोचती थी अपने घर को ऐसा सजाएगी कि अड़ोस-पड़ोस की ईर्ष्या-प्रशंसा का केंद्र बन जाएगा। पर माँ-बाबू जी को इसमें कोई रुचि न थी। वे पढ़ा सिर्फ इसलिए रहे थे कि शादी की मंडी में उनकी बिटिया पीछे न रह जाए। जब तक शादी नहीं होती पढ़े ही। माँ तो चाहती थी कि चित्रकला सीखने में समय और पैसा बरबाद करने के बजाय प्रज्ञा सिलाई-बुनाई, कढ़ाई, खाना बनाना वगैरह घरेलू कामों में अधिक ध्यान दे। बाबूजी भी कहा करते, "देख बेटी, पुरुष के दिल का रास्ता पेट में से होकर जाता है। तू तो बढ़िया खाना, नाश्ता बनाना सीख। इस पेंटिंग-वेंटिंग में क्या रखा है ? खैर, तेरी इच्छा है तो सीख ले।"

पिताजी अच्छी तरह जानते थे, आजकल के पढ़े-लिखे लड़के, लड़कियों में गायिका, नृत्यांगना, चित्रकार आदि ढूँढ़ने लगे हैं। इसीलिए उन्होंने माँ की आपत्ति पर अधिक ध्यान नहीं दिया। स्वयं जाकर आर्ट स्कूल में प्रज्ञा को दाखिला दिलवा दिया। उसने भी राहत की साँस ली। यदि इसी बहाने उसे चित्रकारी सीखने दी जाती है तो क्या बुरा है ?

उस दिन जब आर्ट स्कूल से लौटी तो ड्राइंग-रूम में माँ बाबूजी से कह रही थी, "आपने उसे रोका क्यों नहीं ? पेंटिंग के चक्कर में वह मेरा हाथ बँटा नहीं पाती। बस कॉलेज से आने के बाद पेंटिंग करने बैठ जाती है। अरे भाई, लड़की पराया धन है। कहाँ उसे जीवन भर यहाँ रहना है ? अपने घर तो जाना ही पड़ेगा। वहाँ जो भी चाहे करे।"

उसकी आत्मा में जैसे कुछ टूटकर बिखर गया। एक सर्द आह निकलते-निकलते रह गई। जिस घर में पैदा हुई, खेली-लड़ी-झगड़ी, घर को सजाने-सँवारने में उत्साहपूर्वक भाग लिया वही उसका अपना नहीं है ? उसे लगा जैसे अपने ही घर से बेघर, बेदखल कर दी गई है। आँसू पलकों को ठेलकर बाहर निकलना चाहते थे। पर ओंठ काटकर उन्हें रोक लिया। नयनों की कोरों पर उतर आए पानी को दुपट्टे से पोंछ भर लिया। उस दिन से अपना ही घर पराया लगने लगा। परायेपन का बोध सदैव सालता रहा। लगता किसी पराये घर में दूसरों की चीजें बापर रही है। उसने माँ-बाबूजी, भैया से लड़ना-झगड़ना, बंद कर दिया। रूठना-चहकना भूल गई। चुप-चुप रहने लगी। मन पर जब चुप्पी के पहाड़ का बोझ असह्य लगने लगता तो ड्राइंग कॉपी या केनवास पर आकृतियाँ उभरने लगतीं। कभी-कभी इच्छा होती कि सब छोड़-छाड़ दे। पेंटिंग का सामान फेंक दे। पर ऐसा कर नहीं सकी। वे तो उसकी आत्मा का सौंदर्य जो थे। इतनी सरलता से क्या उसे रद्द किया जा सकता है ?

सच पूछा जाए तो पेंटिंग ही उसे शांति देता था। जब वह रंग और रेखाओं की अपनी दुनिया में डूब जाती तो सब संत्रास गायब हो जाते थे। सृजन के क्षणों में लंबे समय तक खोई रहती। पेंटिंग के ही कारण वह भावेश के संपर्क में आई। उस दिन वह आर्ट स्कूल से लौट रही थी। कंधे पर टँगे झोले में पेंटिंग का सामान, ड्राइंग कॉपी और बाएँ हाथ में था छोटा-सा केनवास। बस में सदा के समान भीड़ थी। महिलाओं की सीट पर जानबूझकर दो लड़के दखल जमाए हुए थे। आजकल उन्हें उस सीट पर से उठाने का साहस किसी में नहीं है। कंडक्टर तो उनसे टिकट के बारे में भी पूछने की हिम्मत नहीं कर सकता। फिर दूसरी सवारियाँ सिरदर्द क्यों लें ? वह चुपचाप खड़ी हो गई। बस के हर झटके के साथ और बस के रुकने-चल पड़ने पर उसे सीट का डंडा पकड़ना पड़ता था। कनखियों से उसने अनुभव किया कि उनमें से एक बीच-बीच में उसे घूर लिया करता था। यह अनुभव रोजमर्रा का है। ऐसे वक्त अक्सर वह जानबूझकर ड्राइवर की पीठ पर निगाहें जमाए रखती है। सफर के सारे समय अपनी ही खोल में सिमटे रहने की अभ्यस्त है। न जाने क्या सोचकर वह खड़ा हो गया और अपनी सीट पर बैठने के लिए कहने लगा। तनिक-सी भी इच्छा बैठने की नहीं थी। पर लाचार हो बैठना पड़ा। पेंटिंग के सामान के साथ अधिक देर तक खड़े रहना भी संभव न था। फिर बीच-बीच में चढ़ने-उतरने वालों में से कुछ जानबूझ कर टकराते हुए निकलते थे। बस में सफर करना उसकी मजबूरी थी। हर मजबूरी से फायदा उठाने से कुछ लोग चूकते नहीं। बिना कुछ कहे सीट पर बैठ गई। वह जानती थी कि सीट देने वाला उससे धन्यवाद की उम्मीद कर रहा है। फिर बात का धागा पकड़ने की कोशिश होगी। पर उसने उसे उपकृत नहीं किया। अपने में डूबी रही। पर सजग थी कि कहीं उसका बस स्टॉप निकल न जाए।

बस से उतरते वक्त लगा कि सीट देने वाला भी पीछे ही है। एक अव्यक्त तनाव से भर गई। बिना इधर-उधर देखे तेजी से कॉलोनी की सड़क की ओर चल दी। बिना पीछे देखे भी अनुभव कर रही थी कि वह भी पीछे-पीछे आ रहा है। उसकी चाल ने अपने आप गति पकड़ ली। सुनसान सड़क के दोनों ओर लगे पेड़ों-पत्तियों के बीच से सड़क पर पसरी धूप-छाँव उसे सदा अच्छी लगती थी। खासकर पेड़ों से छनकर आती ठंडी बयारें जब मुख को नहला जाती तो बड़ा अच्छा लगता। चूँकि इस ओर शहरी अजगर ने मुँह नहीं मोड़ा था इसीलिए वह बड़ा शांत और सुरम्य इलाका था। अक्सर यह रास्ता वह बड़े इत्मीनान से खरामा-खरामा तय करती थी। उसने सोच रखा था कि किसी दिन इस सड़क को भी केनवास पर उतार लेगी। पर आज उसे यही रास्ता बड़ा लंबा लगा। लगभग दौड़ती-सी चलने लगी। घबराहट होते हुए भी सारे रास्ते हिम्मत दिखाने की कोशिश की थी। एकाध बार कनखियों से उसने उसे आते देख लिया था।

मुख्य सड़क से जुड़ने वाली गली की सड़क का पहला मकान ही उसका था। घबराहट के कारण घंटी बजाना भूल थपथपाने के लिए ज्यों ही उसने हाथ दरवाजे पर ठोंका, धक्का लगाते ही वह खुल गया। तत्काल अंदर घुस सिटकनी चढ़ा दी। एक

निश्चिंतता की साँस ली। घबराहट कम होते ही एक कौतूहल जागा। खिड़की के पास पहुँच परदे को थोड़ा-सा हटाकर बाहर देखने लगी। वही लड़का....लड़का क्यों अच्छा-खासा भला आदमी ही तो है। घर का निरीक्षण-परीक्षण करने के साथ ही शायद नेमप्लेट भी पढ़ रहा था। उसे गुस्सा तो बहुत आया। इच्छा हुई कि बाहर जाकर डाँट-डपटकर आए। पर जब्त कर गई। कुछ क्षण बाद वह चला गया।

पानी में कंकड़ी फेंकने पर उठे लहरों के घेरे कुछ समय बाद खो जाते हैं। वही हुआ कुछ दिनों बाद सभी कुछ भूल गई। घर, कॉलेज, आर्ट स्कूल में बँटी हुई उसकी जिंदगी एक ढर्रे पर चलने लगी। उसकी शादी की चिंता को लेकर माँ-बाबूजी की चिंता महँगाई के ग्राफ-सी बढ़ती ही जा रही थी। तभी सब कुछ उलट-पलट गया।

कॉलेज से उस दिन लौटने पर ड्राइंगरूम में एक प्रौढ़ा को एक आदमी के साथ बैठे पाया। वे माँ-बाबूजी से बतिया रहे थे। उस व्यक्ति की निगाहें ड्राइंग-रूम में टँगी उसकी पेंटिंग का निरीक्षण कर रही थीं। सेंटर टेबल पर चाय-नाश्ता सजा था। पहले तो वह पहचान नहीं पाई, न ही कुछ समझ सकी। उसके आते ही बातें थम गईं। किताबों और पेंटिंग के अपने सामान के साथ सीधे अपने कमरे में चली गई। अचानक उसे एहसास हुआ कि यह तो वही बस वाला है। यहाँ क्यों आया है ? मन पर शंका की बदली घिर आई। पर शीघ्र ही पता चला कि माँ-बाबूजी की उम्मीदों को किनारा मिल गया। उससे पूछना किसी ने जरूरी नहीं समझा। उन्हें तो इसी बात से प्रसन्नता थी कि लड़का घर बैठे मिल गया। घर आई लक्ष्मी के समान घर बैठे आए लड़के को इनकार करने से बड़ी मूर्खता और क्या हो सकती है। अतः इनकार करने का तो प्रश्न ही नहीं था। फिर पराये धन को कोई कहाँ तक सँभाले ? विदाई के वक्त माँ ने सीख दी थी, "देख बेटी ! तेरा अपना घर वही है। पति को खुश रखना, सास तथा अन्य रिश्तेदारों का दिल जीतना।" किसी ने भावेश और उसकी अम्मा को नहीं समझाया कि अपने घर में बहू को बेटी के समान ही रखना।

उसने भी यह मानकर संतोष कर लिया कि अपने घर को कम-से-कम अपनी इच्छा के अनुरूप तो बनाएगी। पराए धन के जिस बोझ को माँ-बाबूजी के घर में ढो रही थी, उससे तो छुटकारा मिला। उनके द्वारा दिए गए दहेज की वस्तुओं में उसकी कोई दिलचस्पी नहीं थी। वह अपने सारे पेंटिंग्स, ड्राइंग कॉपी, ब्रश और अपनी पसंद की कुछ वस्तुएँ ले गई। माँ-बाबूजी ने आपत्ति नहीं की। उनके लिए तो वे वैसे भी फालतू थीं। घर से कबाड़खाना अपने आप हट गया, इससे अच्छी बात और क्या हो सकती थी।

जब तक मनचाही वस्तु मिल नहीं जाती दिल उसके लिए छटपटाता रहता है। वह अमूल्य लगती है। एक बार मिल जाने पर उसका अवमूल्यन अपने आप होने लगता है। इस घर में आने से पहले उसने कुछ सपने सँजोये थे। बड़ी उम्मीदों से भावेश के साथ अपने घर आई थी। यह जानकर उसे अच्छा लगा था कि भावेश की माँ भी है। वह उम्मीद कर रही थी कि भावेश की माँ उसकी माँ भी बन जाएगी। पर ऐसा न हो सका। वे तो मात्र भावेश की माँ ही बनी रहीं। शीघ्र ही उसे अनुभव करा दिया गया

कि वह इस घर की एक सदस्या मात्र है। यह घर तो उसका नहीं है। वह तो भावेश और उससे भी ज्यादा उसकी मम्मी का है। वे जो चाहतीं, वही उस घर में होता था। अपनी मनमर्जी से वह कुछ भी नहीं कर सकती थी। एकाध पेंटिंग को छोड़कर बाकी सारे उन्होंने कबाड़खाने में धूल चाटने को पटक दिए। जब तक जिंदा रहीं, गुरगुराती रहीं कि मिक्सी, फ्रिज, कलर टीवी लाने के बजाय बहू लाई भी तो क्या सड़ी-गली पेंटिंग्स। ये भी क्या कोई दहेज में लाने की चीजें हैं ?

मम्मी और भावेश जो चाहते वही घर में होता था। उसे कपड़े भी वही पहनने पड़ते जिन्हें भावेश पसंद करता। यहाँ तक कि सब्जी में नमक भी उन्हीं की मरजी का पड़ता था। घर के लिए सारी चीजें माँ-बेटे ही खरीद कर लाते थे। उससे कभी भी पूछा न जाता कि किस चीज़ की उसे आवश्यकता है। यदि किसी कारण से मम्मी बाजार न जा पाती और उसे भावेश के साथ जाने का मौका मिलता तो खरीददारी की लिस्टें मम्मी उन्हें पहले थमा देती। और यदि कोई लिस्ट साथ न होती तो भावेश अपनी चलाता। वही उसके लिए साड़ियाँ पसंद करता। यहाँ तक कि लिपिस्टिक की शेड और नेल पालिश भी भावेश की पसंद के ही होते। उसे लगता मम्मी का प्रेत गहरे तक भावेश की आत्मा में बैठा हुआ है। एक बार तो भावेश ने उससे साफ कह दिया, "देखो प्रज्ञा, यह घर मेरा है। मैं और मेरी मम्मी जैसा चाहेंगे वैसा ही तुम्हें यहाँ रहना होगा।" उसकी आत्मा में एक बार फिर कुछ दरक गया। कछुवे के समान अपने में सिमट गई। पराए घर की अनुभूति सालने लगी। भावेश और उसकी माँ ने एक पल भी उसे महसूस नहीं होने दिया कि यह उसका अपना घर भी है।

परायेपन के बोझ को लिए वह भावेश के साथ जीने लगी। तभी माँ बन गई। आदत के अनुसार भावेश ने ही अपने बेटे का नामकरण किया—श्याम। उसने हल्का-सा विरोध किया, "श्याम के बजाय कुछ और रखे, छोटा-सा एक आधुनिक नाम—गगन" भावेश ने तत्काल प्रतिवाद किया, "यह भी कोई नाम है ? श्याम कहने पर ईश्वर का स्मरण तो होगा बार-बार।" वह ऐसे जता रहा था मानो श्याम के निर्माण में उसकी भागीदारी प्रमुख है। वह मन मसोस कर रह गई। पर उसने श्यामल कर दिया। श्यामल के सहारे उसके सपने जीने लगे। वे उसके सहारे बड़े होने लगे। वह श्यामल में केंद्रित हो गई।

जिंदगी की दौड़ में सबसे पहले भावेश की मम्मी बिछुड़ीं, फिर भावेश। इतना सब होते हुए भी एक लगाव के रिक्त हो जाने से आँखों से आँसू चुपचाप बहे थे। पर श्यामल की मीठी मोहक मुस्कान उसके जीवन का संबल बन गई थी। हर बार टूटने-बिखर जाने पर भी मनुष्य सपने बुनने बंद नहीं करता। सहेजकर रखे बिखरे सपनों को वह नए सिरे से बुनने लगी। श्यामल का घर उसका अपना होगा। मम्मी के समान वह अपनी बहू को दबाकर नहीं रखेगी। दोनों मिलकर अपना घर बनाएँगे-सजाएँगे। मिल-बाँटकर अपने घर की अनुभूति को भोगेंगे। कबाड़े में पड़े सारे पेंटिंग्स झाड़-पोंछकर उसने ड्राइंगरूम, बेड-रूम, लॉबी और डाइनिंग-रूम में सजा लिए। किचेन की व्यवस्था में परिवर्तन किया। एक आत्म संतोष की जिंदगी जीने लगी। कभी-कभी पेंटिंग भी

कर लेती। टेपरिकार्डर पर पं. रविशंकर की सितार, बिस्मिल्ला खान की शहनाई, हरि प्रसाद चौरसिया की बाँसुरी के कैसेट्स जब तब लगा लेती और आरामकुर्सी पर पसरकर नये लोक में चली जाती।

श्यामल के अफसर बन जाने पर घर में एक-दो चपरासी बंगले पर काम करने लगे थे। वे उससे—माँ जी से पूछ-पूछकर सब कुछ करा करते थे। श्यामल ने सभी कुछ माँ जी पर छोड़ रखा था। वह अनुभव कर रही थी कि श्यामल में पुरुषोचित दृढ़ता का अभाव है। घर-परिवार के मामलों को वह उस पर छोड़कर पल्ला झाड़ लेता। उसकी जिंदगी में एक सुखद ठहराव आ गया था।

समय कितना अस्थायी होता है। सुख के क्षण बड़ी जल्दी फिसल जाते हैं। बड़े शौक से उसने सिद्धा को श्यामल के लिए पसंद किया था। पर सिद्धा ने उसे शीघ्र ही अनुभव करा दिया कि अपनी जिंदगी वह खुद जीना चाहती है। सिद्धा ने जल्दी ही नई बहू का चोला उतार फेंका। किचेन और बेड-रूम ही नहीं, सारे घर की सजावट बदल डाली। भड़कीले शोख रंगों के परदे और कारपेट ले आई। अपनी पसंद की चाय, कॉफी, पेस्ट, हेयर आयल, साबुन आदि लाने लगी। घर की सारी दुनिया बदल डाली। इसके लिए माँ जी से पूछना जरूरी नहीं समझा। ड्राइंग-रूम को नया लुक देने के चक्कर में वहाँ लगे माँ जी के पेंटिंग निकालकर सिद्धा ने पुनः कबाड़खाने में पटक दिए। बाजार से प्लास्टिक पेपर्स के चित्र लाकर लगा दिए। बहू का दबंग व्यवहार उसे अधिक से अधिक संकोची बनाता चला गया। सिद्धा ने अपने हर कदम से उसे समझा दिया कि घर अब उसका है। बदले हुए माहौल में नौकरों ने उससे आदेश लेना बंद कर दिया था। किसी-न-किसी के आँचल से बँधा रहने वाला श्यामल सिद्धा के आँचल से बँध गया था। उससे कुछ भी कहना बेकार था। उसे लगता था भावेश ही बहू बनकर आ गया है। जिंदगी के शेष दिनों को क्या पराए घर में बिताया नहीं जा सकता ? दिन सरकने लगे।

पहाड़ी के पीछे के सूरज को एक काली बदली ने अपने अंदर आधा ले लिया। भाव-विभोर उस सौंदर्य को पीने लगी। तभी पीछे से नन्हे हाथ उसके कंधे को झकझोरने लगे।

"दादी माँ....दादी-माँ.....उठो....चलो न....घर चलो न....?" नन्ही पायल थी। वह चुपचाप उसे निहारने लगी। पायल ने उसके चिबुक को हाथ लगा पुनः मनुहार की, "दादी-माँ घर नहीं चलोगी ?"

"कौन-सा घर ?" सहसा उसने पूछ लिया।

"अपना घर दादी-माँ ? अपना घर वो सामने वाला," पायल ने बँगले की ओर इंगित किया।

"घ....र....वही तो इतने दिनों से खोज रही हूँ बिटिया ? वही जो नहीं मिल रहा है।" एक लंबी साँस छोड़कर उठ खड़ी हुई। पायल को उँगली पकड़ा शिथिल पग बँगले की ओर चल दी।

— □ —

यादों के गुलाब

वह बड़ी परेशानी अनुभव कर रह रही थी। इन दिनों उसे न तो फूलों से प्यार रह गया था, न ही पिकनिक, सिनेमा और आउटिंग से। एक गम था जो उसके दिल को खाए जा रहा था। इन दिनों उसे कुछ भी अच्छा नहीं लगता था। उजालों की अपेक्षा अंधेरा बड़ा सुकून देता था। भीड़-भाड़, हंगामा, शोर-शराबा उसे नापसंद थे। वह परिवार, समाज से अलग रहना चाहती थी। यहाँ तक कि उसे अपने प्रिय पापा और मम्मी का साथ भी पसंद न था। मम्मी से तो उसकी पहले से ही नहीं पटती थी। नारी और उसकी जन्मदात्री होते हुए भी, वे अपनी बेटी को भी समझ नहीं पाई थीं। और पापा, पुरुष होते हुए भी, उन्होंने एक माँ का दिल और नारियोचित अनुभूति पाई थी। उन्होंने सदा उसकी भावनाओं और रुचियों का ख्याल रखा। उन्होंने उसे उसी प्रकार परिष्कृत किया, जिस प्रकार एक माली अपनी लगाई बेल को पुष्पित-पल्लवित करता है। सभी प्रकार की सुख-सुविधाएँ उन्होंने अपनी इस प्यारी बिटिया के लिए जुटाई थीं। पत्नी के विरोध के बावजूद उन्होंने तिष्या की इच्छाएँ पूरी की थीं। उन्हें कमी भी किस बात की थी ? चीफ इंजीनियर जो हैं कोयला खानों में। उनके बिना पत्ता नहीं हिलता।

कॉलोनी का सबसे शानदार बँगला उन्हीं का है। इंजीनियर होते हुए भी उन्होंने कलात्मक रुचि पाई है। उनका बंगला इसका उदाहरण है। उसने भी इसे विरासत में पाया है। पापा ने अपनी प्रिय बेटी की कलात्मकता को संवारने में बड़ा सहयोग दिया। वह आज जो कुछ भी है, पापा के कारण, उनकी प्रतिकृति, उनका नारी रूप ! जो कुछ वे अपनी पत्नी में न पा सके उसे अपनी पुत्री को दिया।

तिष्या खुद भी इसे अच्छी तरह से समझती थी। उसके चीफ इंजीनियर पापा उसमें जी रहे थे। पर आजकल उन्हें हो क्या गया है ? वह हैरान-हैरान थी। उसके लिए मम्मी से लड़ने वाले पापा अब माँ के साथ हो गए हैं। सबसे बड़ा अचरज तो यह था कि जिस मम्मी से उनकी कभी नहीं पटी, वे ही अब उनकी अंतरंग हैं।

जिस माली ने उसके जीवन को गुलाबों की मुस्कान और महक से सजाया, वही यदि कैक्टस लगाए तो शिकायत किससे करें ? वह तो गुलाबों की याद में ही अपना शेष जीवन बिता देना चाहती थी। पर लगता है, वह कैक्टस के काँटों की चुभन से यादों के दामन को बचा न सकेगी।

लेकिन वह हार नहीं मानेगी। सभी विरोधों का डटकर सामना करेगी। अब तक वह मम्मी से लड़ती रही, अब पापा का सामना भी करेगी। अपनी यादों के गुलाबों को हरगिज मुरझाने नहीं देगी। चाहे इसके लिए कितनी ही बड़ी कुर्बानी क्यों न देना पड़े। लोग ये कैसे भूल जाते हैं कि प्यार के गुलाबों के सहारे सारा जीवन बिताया जा सकता है। वे बीते दिनों का सबसे सबल-सहारा होते हैं। उन्हें कैसे छोड़ा जा सकता है।

उसने तो कभी भी इन्हें चाहा नहीं था। स्वयं पापा ने ही उन्हें उसके जीवन में रोपा था। वह दिन आज भी उसे अच्छी तरह से याद है। वह कॉलेज से लौटी ही थी, थकान उतारने के लिए अलसाई-सी सोफे पर लेटी थी कि पापा की कार का हॉर्न सुनाई दिया। उठने की कोशिश की, तभी लगा, शायद पापा किसी से बतिया रहे हैं। वह संभले इसके पहले ही वे ड्राइंग रूम में थे।

"हलो तिष्या ! क्या चल रहा है ? शायद पढ़ाई से थक गई हो !" पापा ने लाड़ से दुलारा।

वह हड़बड़ाकर उठ बैठी, "नहीं तो पापा ! ऐसे की लेटी थी।"

"ठीक है, ठीक है। अरे हाँ ! तुम्हारा परिचय इनसे कराना तो भूल ही गया। मीट मि. अंशुमान, माय असिस्टेंट इंजीनियर ! इन्होंने अभी-अभी ज्वाइन किया है। बड़े ही लगनशील, मेहनती और ईमानदार हैं। और अंशुमान ! शी इज माय तिष्या। स्वीट गर्ल ऑफ माय फेमिली।" पापा गर्व एवं शैतानी से उसे थपथपाने लगे।

परिचय का वह क्षण उसके जीवन की गुलाबी मुस्कान बन गया। वैसे तो अनेक इंजीनियर पापा के साथ काम करते थे, पर अंशुमान ही उन्हें अच्छा लगा था। वह सबसे अलग था, एक विशिष्ट व्यक्ति। वह इंजीनियर कलाकार था। संगीत-साहित्य का प्रेमी। उसकी यही बात पापा को भी भा गई। और जो चीज पापा को अच्छी लगे, भला तिष्या उसे नापसंद कैसे कर सकती है ? पापा ने जानबूझकर उन्हें बार-बार मिलवाया, अकेला छोड़ा था। इस प्रकार वे एक-दूसरे के निकट आते चले गए।

वह सांझ आज भी जिंदा है। पिकनिक पर वे अंशुमान को लेकर हिरन फॉल गए थे। उस दिन वह पहली बार बच्ची-सी मचल उठी, ऊपर चढ़कर फॉल देखने के लिए। ऊँची, ऊबड़-खाबड़ चढ़ाई के कारण पापा-मम्मी ने तो मना कर दिया।

'अरे भई अंशुमान ! ले भी जाओ इसे दिखा लाओ।'

'जी सर !'

'जरा संभलकर जाना दोनों।' मम्मी ने चेताया।

जब तक जमीन ठीक थी, वे दूर-दूर चलते रहे। और जब ऊबड़-खाबड़ चढ़ाई शुरू हुई तो तिष्या को बार-बार अंशुमान के सहारे की जरूरत पड़ने लगी। और जब उसका पांव फिसला तो अंशुमान ने खींच लिया। वह डाल-सी खिंची चली गई। सीधे उसके सीने से जा चिपकी। अंशुमान को लगा, उसकी बाहों में महकते हरसिंगार की डाल आ गई हो। वह अपने को रोक नहीं पाया। हल्के से एक चुंबन उसके अधरों पर जड़ दिया। तिष्या लाज से सुर्ख हो गई। लगा वह उसके होठों पर चिपककर रह गया है। रूमाल से अपने अधरों को उसने बार-बार साफ करने की कोशिश की। पर वे होंठ थे कि हटने का नाम ही न लेते थे।

उस दिन वह ड्रेसिंग टेबल के सामने बैठी शृंगार कर रही थी। पास के कमरे से पापा का स्वर सुनाई दिया।

''भई, तुम्हें यह लड़का अंशुमान कैसा लगा ?''

''मैं क्या कहूँ ? तुम्हें तो मेरा कुछ भी अच्छा नहीं लगता। तुम बाप-बेटी की खिचड़ी तो सदा से ही अलग पकती है ?'' आक्रोश मम्मी के स्वर से स्पष्ट झलक रहा था।

''अरे भाई ! यह बात नहीं है। मुझे अंशुमान इसलिए पसंद है कि उसकी और तिष्या की रुचि एक-सी है। इंजीनियर की शुष्कता उसमें नहीं है। अभी तक कई लड़कों ने मेरे साथ काम किया, पर यह सबसे अलग है। अफसरों, मजदूरों में समान रूप से लोकप्रिय। साहित्य, कला, संगीत का प्रेमी।'' प्रशंसा का झरना पापा की वाणी से फूटा पड़ रहा था।

''जब तुम्हें पसंद है तो मैं क्या कह सकती हूँ ? हाँ ! अपनी लाड़ली से भी पूछ लेना।''

एक क्षण की चुप्पी। उसका दिल मुँह को आ गया। लगा, समय समुन्दर-सा फैल गया है। तभी सुनाई दिया, ''मुझे मालूम है, आपकी पसंद सो उसकी। भला वह मना करेगी ?''

मम्मी का उत्तर उसके मन-प्राण को रस से सराबोर कर गया। इच्छा हुई, उड़कर अंशुमान की बाहों में समा जाए। और पूछे, ''श्रीमान जी ! आपकी पसंद क्या है ?'' उसे विश्वास था, वे चुंबन की मुहर से स्वीकृति देंगे।

अब वे ही उसे कुछ और करने को कह रहे हैं ? कैसी विडंबना है ? पापा यह क्यों नहीं समझते कि किसी के जीवन से चले जाने पर भी उसकी यादों को मक्खी की तरह निकालकर फेंका नहीं जा सकता ? वह तो जिंदगी के इतिहास का अनिवार्य अंग बन जाती है। चाहे पुरुष यादों के उन पृष्ठों के टुकड़े-टुकड़े कर दे। पर क्या नारी इस प्रकार सब कुछ खत्म कर सकती है ? लेकिन पापा उसे समझने में यहीं भूल कर गए।

वह शनिवार भूलना चाहकर भी भूल नहीं सकती। अभी कॉलेज जाने की तैयारी में ही थी कि फोन की घंटी घनघना उठी। उसी ने रिसीवर उठाकर पूछा, 'कौन ?'

''अरे तिष्या ! जरा अपनी मम्मी को तो फोन देना ?'' घबराहट पापा के स्वर से फूट रही थी।

जब मम्मी ने पापा से बात करना शुरू किया तो उनका गुलाबी चेहरा, पीला, सफेद और काला पड़ता चला गया। उनकी आभाहीन आँखों से बरबस आँसुओं की धार बहने लगी। वह फोन बंद कर निढाल-सी सोफे पर गिर पड़ीं। तिष्या घबरा गई, ''क्या हुआ मम्मी ? तुम्हें अचानक क्या हो गया, पापा ठीक तो हैं।''

''बेटा, एक खदान धंस गई है और उसमें कई मजदूर दब गए हैं। एक ए ...क... इंजीनियर....के.....साथ। रेसक्यू वर्क चल रहा है।'' वह सिसक पड़ीं।

ओ माँ...कहीं अंशु...मान....तो....। वह थरथर काँपने लगी। लगा, गिर पड़ेगी। प्रार्थना के लिए मन बड़बड़ाने लगा, हे प्रभु....द....दया.....करना....मेरा...मान....उनमें. ....न....हो......मन को जितना संभालने की कोशिश करती.....वह उतना अधिक विकल होता जाता। उसे सहसा लगा....मम्मी....कुछ छिपा रही है। वह तुरंत पापा को फोन कर पूछना चाहती थी, तभी फोन की घंटी चीखने लगी। मम्मी ने उसे परे ढकेलकर रिसीवर उठा लिया। वह जब तक पापा से बातें करती रहीं, उसके प्राण छटपटाते रहे।

''तुम्हारे पापा अभी आ रहे हैं, एकाध घंटे में। रेसक्यू वर्क तेजी से चल रहा है।''

पापा की प्रतीक्षा का वह समय उसने जिस प्राणांतक यन्त्रणा के क्षणों में गुजारा, वही जानती है। और जब एक घंटा बीत जाने के बाद भी पापा नहीं आए तो उसे लगा अदृश्य निर्दयी हाथों ने उठाकर उसे दर्द के सागर में फेंक दिया है।

साढ़े तीन घंटे की सुदीर्घ प्रतीक्षा के बाद जब पापा आए तो जैसे किसी ने उनके प्राण खींच लिए थे। सदा उत्फुल्ल रहने वाले पापा मुरझाए गुलाब से दीवान पर गिर पड़े। वह आकुल-व्याकुल हो उठी। ज़ो हम नहीं चाहते, जिस बात को टालना चाहते हैं, वही हमारे सामने आती है। वही हुआ जिसका उसे डर था। पापा से घटना की सारी जानकारी मिली।

पहली शिफ्ट में अपनी ड्यूटी खत्म कर अंशुमान ऑफीसर्स रूम में कपड़े बदल रहा था कि खतरे की घंटी जोरों से चीखने लगी। सभी हड़बड़ा गए। उसी समय एक मजदूर दौड़कर रूम में आया, ''साब ! 13 नंबर का खान गिर रहा है। जल्दी चलें।'' वह घबराया हुआ था।

''किसकी ड्यूटी है ?'' अंशुमान ने सहज पूछ लिया।

''अरे यार मान ! मेरी ड्यूटी है। मैं अभी हाथ धोकर आया। यार, तू जरा देखना, क्या बात है ?'' पास के डायनिंग रूम से बालचंद्रन का स्वर सुनाई दिया।

और सभी कामों में आगे रहने वाला अंशुमान उस मजदूर के साथ दौड़ गया खान की ओर। कभी न लौटने के लिए। जैसे मौत उसी का इंतजार कर रही थी।

तिष्या को बड़े जोरों की घबराहट होने लगी। वह चीख-चीखकर रोना चाहती थी। पर रुलाई थी कि दर्द के पहाड़ तले दबकर रह गई थी। उसने आँसुओं को जला दिया था।

"पापा ! मैं उन्हें आखिरी बार देख सकती हूँ ?" न जाने कैसे वह अचानक कह बैठी।

"कहीं किसी को देखने जाने की जरूरत नहीं ?" मम्मी एकदम तड़प गईं।

कुछ बोलकर पापा बात के प्रभाव को हल्का करना चाहते थे। तभी मम्मी गरजी। वह उनके स्वभाव को अच्छी तरह से जानती थी कि वह तिष्या को मना न कर पाएँगे, "उससे क्या तुम्हारी सगाई या शादी हुई है जो देखने जाना चाहती हो ?"

अब वह क्या बोले ? दौड़कर अपने कमरे में जा घुसी। तीन दिन तक बाहर न निकली। तो क्या अंशुमान उसका कुछ न था ? क्या इतने दिनों के सम्पर्क जिसके पीछे पापा-मम्मी की स्वीकृति थी, अर्थ हीन थे ? वह समझ न सकी। कुछ महीनों तक कोई कुछ न बोला। फिर उसके लिए लड़का ढूंढा जाने लगा। और जब उसने विरोध किया तो पापा मम्मी की तरफ हो गए।

क्या बीती यादों को भुलाया जा सकता है। पापा-मम्मी क्यों नहीं समझते कि कभी-कभी सुखद यादों के सहारे भी जिया जा सकता है। जीवन के अंधेरे में वे दीपक के समान हैं। यादों के दीप को बुझाकर वह अपने जीवन के अंधेरे को अधिक गहरा नहीं करना चाहती। यादें कोई कूड़ा-करकट थोड़े ही हैं कि सफाई के बाद उन्हें फेंक दिया जाए। वे बोगन बेलिया भी नहीं हैं, जिनमें रस गंध हीन, मात्र रूप ही रूप रहता है। वे तो गुलाब हैं, जो जीवन को रसीली सुरभि से भर देते हैं। उसकी यादों के अस्तित्व का केंद्र बिंदु तो अंशुमान है। वह उसे हटाकर नया केंद्र बिंदु कैसे स्थापित कर सकती है ? कैसे ?

— □ —

एक हिंदुस्तानी लड़की

पहाड़ों की रानी मसूरी अपने उभार पर थी। सैलानियों का आना आरंभ हो गया था। माल रोड की शामें और रातें जवान हो रही थीं। मैं जब कमरे से बाहर निकला, तो भटनागर साथ हो लिया। दिनभर की सुस्ती झटकने के लिए हम घूमने निकल पड़े। सूरज की गर्मी छन गई थी। वह हिमालय की पहाड़ियों और ऊँचे दरख्तों के पीछे छिपने लगा था। रंग-बिरंगे वस्त्रों की बहार देखने लायक थी। सेंट और स्नो पाउडर की भीनी, मीठी यदा-कदा तीखी सुगंध ने एक मदिर माहौल की सृष्टि कर डाली थी। रोमांस की तरंगें हवा में फैली हुई थीं।

फिजा का मजा लेते हुए हम लाइब्रेरी की ओर बढ़ने लगे। कुछ जोड़े सड़क पर ही थिरक रहे थे।

स्केटिंग रिंग की खिड़की पर बड़ा रश था। मैं पहली बार मसूरी आया था। भटनागर देहरादून का रहने वाला था, पर जयपुर में सर्विस करता था। फिर भी साल-दो-साल में रिश्तेदारों से मिलने देहरादून आ जाता था। और तब दस-पंद्रह दिन मसूरी में बिताना न भूलता था। मसूरी और उसकी रंगीनियाँ हथेली की रेखाओं-सी उससे परिचित थीं। एक बार उसने मुझे भी अमंत्रित कर लिया था। हम दोनों ने एक कमरा ले लिया। साथ-साथ थोड़े दिन बिताकर साल भर का तनाव मिटा लेना चाहते थे।

'चलो थोड़ा स्केटिंग भी देख लें।' भटनागर ने सुझाया।

'चलो।' टिकट लेकर हम अंदर पहुँचे।

स्केटिंग रिंग में संगीत की स्वर लहरी पर कई लोग थिरक रहे थे। बगल की कारिडार के रेस्त्रां की कुर्सियों पर बैठे बुजुर्ग खाने, चाय, काफी सिप करने के साथ बतिया भी रहे थे। रेस्त्रां का मैनेजर और बैरे बड़े व्यस्त थे। पास के कमरे में ट्रेनर और उसका सेवक स्केट बाँट रहे थे।

हम लोग रिंग में नाचने वालों का थिरकना देखते रहे। सिद्धहस्त खिलाड़ी कई

तरह के करतब दिखा रहे थे। कुछ जोड़े बनाकर स्केट कर रहे थे। सबसे अधिक ध्यान वह खींच रही थी। रिंग के फ्लोर पर वह ऐसे फिसल रही थी, जैसे कोई राजहंसिनी झील में तैर रही हो। उसके स्टेप्स बड़े गजब के थे।

बाबकट बाल बिखर-बिखर जाते थे। हवा के शैतान झोंके उनसे खेल जो रहे थे। एक क्षण पहले वह इस कोने पर दिखाई देती, तो दूसरे पल दूसरे कोने पर।

फ्लोर के कई लड़के उससे बात करने, साथ नाचने को बेताब थे और वह थी कि सबको चकमा देकर निकल भागती थी। सभी की प्रशंसात्मक नजरें उसी पर गड़ी थीं। और इन सबसे बेखबर वह अपने-आप में मगन, उड़ी जा रही थी। मन ही मन मैं उसकी प्रशंसा किए बिना न रह सका।

'आओ। एक चीज दिखलाऊँ।' भटनागर मुझे खींचकर खिड़की के पास ले गया।

नीचे, दूर देहरादून की बत्तियाँ चमक रही थीं। मानों किसी सुंदरी ने अपनी माँग में मोती पिरो लिए हों। उस दृश्य ने मुझे अभिभूत कर दिया।

'तुम क्यों नहीं थोड़ा स्केटिंग कर लेते ?' भटनागर ने राय दी।

'तुम तो जानते ही हो, मुझे स्टेप्स तक तो रखना नहीं आते ?' मैंने टालना चाहा।

'तुम भी क्या बात करते हो यार ? जब आए हो तो इसका आनंद भी उठा लो,' उसने जोर दिया।

'भई ! मैं कहीं गिर-गिरा पड़ा, तो सभी के मनोरंजन का साधन बन जाऊँगा।' मैंने अपनी असमर्थता जतायी।

'गिर भी पड़े तो क्या फर्क पड़ता है ? फिर तुम्हें यहाँ जानता ही कौन है ? यहाँ के हजारों अनजान अपरिचित चेहरों में तुम भी एक हो। फिर कहाँ तुम्हें बार-बार मसूरी आना है ! जब आए हो तो इसका आनंद भी उठा लो।' वह मुझे खींचकर उस कमरे में ले गया, जहाँ स्केट्स मिल रहे थे।

उसके पैसा जमा करते ही नौकर ने मुझे स्केट्स बाँध दिए। मैंने अपने आपको डगमगाते कदम रिंग में पाया।

यों बहुत संभल-संभलकर मैं कदम रख रहा था। फिर भी कभी-कभी असंतुलित होकर फिसल जाता था। ऐसी हालत में रेलिंग पकड़ लेता। थोड़ी देर तक रेलिंग के सहारे ही फिसलता रहा। मैंने संतुलन पाने की कोशिश की। तभी स्केट फिसले और मैं रेलिंग से दूर हो गया। ऐसे में ही खुशबू का एक झोंका आया। हल्का-सा धक्का और मैं संभलूँ, इसके पहले ही फ्लोर पर पसर गया। आसपास की हँसी, खिलखिलाहट ने मेरे चेहरे की लाली को दुगुना कर दिया। जल्दी से कपड़े झाड़ता हुआ उठ खड़ा हुआ। निगाहें मेरी नीची ही थीं।

रेलिंग का सहारा लेते हुए मैंने फिर से फिसलने की कोशिश की। थोड़ी देर

तक मैं आराम से रेंगता रहा। मेरा आत्मविश्वास बढ़ रहा था। मजा भी आ रहा था। हवा में तैरने जैसा आनंद मिल रहा था। इच्छा होने लगी कि दूसरों की तरह खूब तैरूँ। हवा में उड़ता फिरूँ। तभी थोड़ा-सा स्पर्श और मैं पुनः फ्लोर पर बिखर गया।

तत्काल दिमाग में विचार कौंधा। जानबूझकर कोई मेरे अनाड़ीपन का फायदा उठा रहा है। मैं लोगों की हँसी का मसाला सिद्ध हो रहा था।

अब मैं अधिक सतर्क था। संभल-संभलकर पुनः स्टेप्स रखने लगा। मेरा रोम-रोम सावधान और उत्तेजित था। धक्का देकर गिरा देने वाले को इसलिए पकड़ नहीं पाया था, क्योंकि संभलूँ, इसके पूर्व ही दो-तीन जोड़े पास से निकल जाते थे। नाचते-थिरकते हुए। इस बार मैं अवसर को पकड़ने के लिए सचेत था।

थोड़ी देर बाद ज्यों ही पास में सरसराहट हुई, मैं तेजी से घूम गया। धक्का देने के पूर्व दोनों हाथों से मैंने कमर पकड़ ली। जैसे मुझे करंट लग गया। हाथों ने खुद कमर छोड़ दी। उसकी शरारती आँखें मुस्करा रही थीं। वह थी सारे स्केटिंग रिंग की जान। मैं झटका खा गया।

'अ.... अ..... आ.... प.... आ....।' मैं हकलाया।

वह मुस्कराए जा रही थी। मचल रहे बालों को हेयर बैंड रोकने की असफल कोशिश कर रही थी। उसका सुनहलापन आँखों को चकाचौंध कर देता था। वह स्कर्ट-ब्लाउज में थी। सुडौल और गदराई पिंडलियाँ शराब से भरी लग रही थीं। नयनों में हल्का नीलापन झील की गहराइयों की याद दिला रहा था। एक बार तो भ्रम हुआ कि वह कोई विदेशी है, पर शायद वह भारतीय ही थी।

'आप मुझ अनाड़ी के पीछे क्यों पड़ी हैं ? शायद आप जानती नहीं, मैं पहली बार रिंग में उतर रहा हूँ।'

'नयों के साथ ही छेड़छाड़ करने में मजा आता है। मेरे साथ भी शुरू-शुरू में ऐसा ही हुआ था और मैंने जब आपको नई बहू के समान हौले-हौले, गिन-गिनकर स्टेप्स रखते देखा, तो दिल मचल गया।' शैतानी से वह पुनः मुस्कराई।

'प्लीज ! मुझे अकेला छोड़ दीजिए।' मैं गिड़गिड़ाया, 'आपका हल्का-सा मजाक मुझे तमाशा बना रहा है।'

उसने मेरा हाथ थाम लिया।

'आइए ! मैं आपकी मदद कर दूँ।' धीरे से धक्का लगते ही मैं हवा में तैरने लगा। लगा कोई परी मुझे उड़ाए लिए जा रही है। कई जोड़ा जलती नजरों की चुभन मैंने पीठ पर अनुभव की।

'आप शायद पहली बार मसूरी आए हैं ?'

'हाँ !'

'कितने दिन ठहरेंगे ?'

'अभी कुछ पक्का नहीं है। पर शायद एक सप्ताह तो अवश्य ही रुकूँगा।'

'ठहरे कहाँ हैं ?'

'वाई. डब्ल्यू. सी. ए. में एक कमरा लिया है।'

'आपने यहाँ की सभी चीजें देख लीं ?'

'जी नहीं ! धीरे-धीरे देख रहा हूँ।'

'और कौन साथ में हैं ?'

'जी ! एक फ्रेंड।'

'गर्ल फ्रेंड ?' उसके होंठों पर शरारती मुस्कान फिर उभरी।

'जी नहीं।'

रिंग में कई लोग स्केट कर रहे थे। रेस्त्रां में भी शोर-शराबा था। पर हम बातचीत में ऐसे मशगूल हो गए थे कि उस भीड़ में भी हमने अपनी दुनिया अलग बना ली थी।

हम लोग थिरक रहे थे। मैं बातचीत में इतना डूब गया था कि मुझे पता ही न चला कि मैं स्केटिंग में इतना सिद्धहस्त कैसे हो गया ? उसका स्पर्श नसों, शिराओं को झनझना रहा था।

'कल क्या प्रोग्राम है आपका ?'

'अभी तय नहीं किया है।'

'यदि आप फ्री हों और आपके मित्र को आपत्ति न हो, तो हम टिंचा फाल्स देख आएँ ?'

बातचीत में डूबा मैं भटनागर को भूल ही गया था।

'जी, मैं अभी आपको बता दूँगा।'

'देखिए, आप कितना अच्छा स्केट कर रहे हैं। बेकार ही घबरा रहे थे ? पंद्रह दिन में तो आप मुझसे भी अच्छे स्टेप्स रखने लगेंगे।'

स्केटिंग का ध्यान आते ही मैं लड़खड़ा गया। संतुलन बिगड़ा, मैं गिरूँ इसके पहले ही मेरी कमर में हाथ डालकर उसने मुझे थाम लिया। अब मैं उसकी बाँहों में था। सेंट की भीनी खुशबू ने मुझे मदहोश कर दिया। वह मुस्कराए जा रही थी। मेरी इच्छा हुई कि मैं उसे आलिंगन में बाँध लूँ। तभी रिकार्ड बदला, जाज की धुन ने गर्मी पैदा कर दी। मैं संभल गया और वह हाथ छोड़कर उड़ गई।

मैं रेलिंग से टिक गया। पलकें भारी थीं। बिना पिए ही एक बोतल का नशा चढ़ गया था।

'क्यों बेटा ? क्या मजा ले रहे थे ?' भटनागर ने पीछे से आकर छेड़ा। पलटकर मैं भी मुस्कराया।

'तू तो स्केटिंग के लिए राजी ही नहीं हो रहा था।' उसने उलाहना दिया।

'धन्यवाद।' मैंने उसे दूसरे दिन का कार्यक्रम बताना जरूरी नहीं समझा।

सेंट की खुशबू ने उसके आने की सूचना दे दी। इस बार वह स्केट्स में नहीं थी।

'हलो।'

'हलो', मैं मुड़ा, 'मीट मॉय फ्रेंड भटनागर। और आप' मुझे उसका नाम भी नहीं मालूम था।

'क्रिस्टीना ! क्रिस्टीना जेम्स।' उसने वाक्य पूरा किया।

'आपने क्या तय किया ?'

'जी ! मुझे तो कुछ काम है। पर यह आपके साथ अवश्य जाएगा।' चतुर भटनागर भाँप गया था। उसकी समझदारी ने सारा कार्यक्रम तय कर दिया।

'तो कल आप मुझे लाइब्रेरी में मिलिए। अच्छा.... बाय....।'

वह एक बार फिर उड़ गई।

मसूरी का कोई कोना ऐसा न बचा, जहाँ हम दोनों न गए हों ? वह बड़ी शोख और उन्मुक्त थी और उसकी चंचलता दिलकश। क्रिश्चियन लड़कियों की फार्वर्डनेस का वह प्रतीक थी। अपनी बोरियत दूर करने के लिए वह मसूरी भाग आई थी। फैशन मॉडल होने के कारण पैसों की उसे तंगी न थी। उसकी एक बड़ी मित्र मंडली भी थी, जिनके साथ पिकनिक, आउटिंग का कार्यक्रम आए दिन बनता रहता था। हँसी-मजाक, मौज-मस्ती में उसके दिन कटते थे। घर से कोई बंधन था ही नहीं। फिर भी दूरियाँ बनाए रखने में वह सदैव सफल रही। भड़कीली पोशाकें उसे पसंद थीं। फूलों से उसे प्यार था। वह सभी से बड़ी गर्मजोशी से मिलती थी।

लेटेस्ट फैशन के कपड़े उसके पास थे। और गोल गॉगल्स, यहाँ तक कि हिप्पियों जैसी पोशाकें भी थीं। वह अपने शारीरिक कटावों और उभारों के प्रति सदैव सजग रहती थी। फैशन के बतौर बीयर ले लेती थी।

मसूरी के अधिकांश रेस्त्रां, होटल उससे परिचित थे। वह हिन्दुस्तानी मेम साब थी।

उस दिन साँझ के झुटपुटे में हम एक एकांत पहाड़ी पर बैठे थे। माल रोड का शोर-शराबा पीछे छूट गया था। दूर नीचे पहाड़ियों के बीच नागिन-सी बलखाती सड़क पर चलने वाली गाड़ियाँ खिलौनों-सी लग रही थीं।

'मैं मसूरी की इस ट्रिप को कभी न भूल पाऊँगा।' मैं भावुक था।

'क्यों ?'

'तुम्हारे कारण ! तुम मेरे जीवन की मीठी यादों का सुनहरा पृष्ठ बन गई हो।'

'ऐसी तो कोई बात नहीं है। हमारे बीच सभी कुछ तो नार्मल है।'

'फिर भी।.... अरे हाँ ! तुमने मुझे भटनागर से छीन जो लिया।'

'वे ही हमसे दूर रहते हैं। मैंने तो कई बार उन्हें इन्वाइट किया था।'

'शायद वह मुझे ज्यादा चांस देना चाहता है।'

'काहे का ?'

चूमने के लिए झुकते हुए मैंने कहा, 'इसका।'

उसकी नरम अंगुलियों ने मेरे होंठों को रोक दिया।

प्लीज ! ज्यादा लिबर्टी मत लीजिए। क्या हम दोनों सिर्फ अच्छे दोस्त नहीं हैं ? फिर मैंने इसकी इजाजत आज तक किसी को नहीं दी है। यह सब मैंने अपने उनके लिए, मेरा मतलब है, अपने होने वाले हसबेंड के लिए सुरक्षित रखा है।'

बुद्धू-सा मैं उसे देखने लगा।

'चलिए ! काफी देर हो गई है। अब वापस चलें।' वह उठ खड़ी हुई। हिरनी-सी छलांगें लगाती हुई माल रोड की तरफ दौड़ पड़ी।

थका-सा मैं, जिसका सारा रोमांटिक नशा हिरन हो चुका था, लुढ़कने लगा। मुझे अहसास हुआ—इस उन्मुक्त, स्वच्छंद ईसाई व्यक्तित्व के भीतर एक हिन्दुस्तानी लड़की छिपी थी।

— ◻ —

माँ

फूलमाला के साथ सुधा फोटो फ्रेम में सिमट कर रह गई थी। बैठक में ऐसी जगह फोटो लगाई गई है कि आते-जाते हर किसी की निगाहें बरबस अपनी ओर खींच लेती है। फ्रेम से झाँकता भव्य गरिमामय चेहरा, भरी माँग, भाल पर बड़ा-सा गोल टीका और बड़ी-बड़ी चुभती, बोलती आँखें। उसकी हर बात अब सच हो रही है। इसका एहसास हो रहा है। यादों के सायों की तरह उसके हर शब्द सतत पीछा करते रहते हैं। घर की हर चीज उसे भूलने नहीं देती। सदा के लिए चला जाने वाला इतनी स्मृतियाँ और स्मृति चिन्ह छोड़ जाता है कि चाहने पर भी उसे भूल नहीं पाते। अंतिम सांस तक पत्थर पर खिंची अमिट लकीर की तरह वे हमारे वजूद पर गहरे तक अंकित रहते हैं।

अनुपस्थिति में भी वह सारे घर में समाई लगती है। रसोईघर और शयन कक्ष बेहद तकलीफ देते हैं। लगता है कि किसी भी पल इनमें से वह निकल आएगी। शयन कक्ष में तो सोना ही बंद कर दिया है। बैठक के दीवान पर ही सो जाते हैं। जाने वाला पूरा नहीं जाता, बहुत कुछ छोड़ जाता है। शायद इसीलिए कहते हैं कि जाने वाले की आत्मा यहीं रह गई है। वह कहती भी थी, "जब मैं नहीं रहूँगी तभी तुम्हें मेरा और मेरी बातों के महत्व का पता चलेगा ?" जिंदगी के हर लम्हे और मोड़ पर उसकी बातें याद आती हैं। उस दिन भी याद आई थी, जब सीतेश रुपए माँगने आया था।

"पिताजी ! बँगले के कर्जे की कुछ किश्ते बकाया रह गई हैं। यदि आप अपना फिक्स डिपाजिट तोड़ कर मदद कर दें तो एक साथ सारा कर्ज चुका दूँ। ब्याज भरने से बच जाऊँगा। मैंने भविष्य निधि से कर्ज के लिए आवेदन कर दिया है। रकम आते ही वापस कर दूँगा।" अजीजी और खुशामद की बजाए अधिकार से सीतेश माँग रहा था।

"देखो ! कभी अपना पूरा पैसा किसी को भी मत देना। बेटे सीतेश को भी

नहीं। पैसे और पत्नी की जरूरत बुढ़ापे में ही अधिक पड़ती है। अपना पैसा अपना है। जिंदगी भर आपने हाथ ऊपर ही रखा है। जैसा चाहा खर्च किया। बुढ़ापे में हथेली फैलाना क्या अच्छा लगेगा ? कल बेटी के आने पर उसे साड़ी देने की इच्छा हुई तब क्या सीतेश और बहू के सामने हाथ फैलाओगे ? यदि उन्होंने मना कर दिया या कह दिया कि साड़ी की क्या जरूरत है, ब्लाउज पीस ही दे दीजिए तो आत्मा दुःखी नहीं होगी ? बुढ़ापे में भिखारी मत बनना ? संतान के मोह में गाढ़े पसीने की गाढ़ी कमाई दे मत देना, वर्ना पछतावा ही हाथ रह जाएगा ?'' सुधा की सीख गूँजने लगी।

''घर होते हुए भी बंगला बनवाने की क्या जरूरत थी ?'' परन्तु ऐसा कहने का साहस नहीं है। उस समय भी नहीं कह सके थे जब सीतेश ने बहू आशी के कहने पर अपना तबादला भोपाल करा लिया था। तबादले की खबर सुन मन कड़वाहट से भर गया था।

''मेरी सास ठीक ही कहती थी कि बेटा शादी के पहले माड़ी का और शादी के बाद लाड़ी का। विवाह के पहले सीतेश हमारी बात मानता था। अब आशी मुख्य सलाहकार बन गई है। पर हमने तो ऐसा नहीं किया ? जिसका जो हक, मान, मर्यादा थी उसका पूरा ध्यान रखा। सास-ससुर , देवर-जेठ, ननद यहाँ तक कि परिवार और अड़ोस-पड़ोस के सभी को उनका वाजिब दिया।'' सुधा बेहद नाराज थी।

''अब बस भी करो। कोई हमेशा के लिए तो जा नहीं रहे ?जब सीतेश कह रहा है कि दो-चार साल बाद वापस आ जाएगा तो आ जाएगा। फिर भोपाल है ही कितना दूर। इसमें परेशान होने की क्या बात है ? और ज्यादा है तो हम भी उसके साथ चले चलते हैं ?'' उन्होंने समझाने का प्रयत्न किया।

''खूब कही साथ चलने की ? उन्होंने झूठ-मूठ में भी पूछा ? इतना भी नहीं समझते ? हमारे साथ नहीं रहना चाहते इसीलिए तो तबादला कराया। मत भूलो कि मैंने ही उसे नौ माह गर्भ में रखा है। उसकी नस-नस से वाकिफ हूँ। उसके सामने तुमने फूल-सी बेटी वसुधा की कभी भी परवाह नहीं की। पराया धन मान उसके खान-पान, पढ़ाई, रहन-सहन को हमेशा दुर्लक्षित किया। सीतेश की बजाय पढ़ाई में वह ज्यादा तेज थी। आराम से डाक्टर, आई.ए.एस. बन जाती, किंतु तुमने वसुधा पर कभी ध्यान नहीं दिया। तुम्हारा तो यह मानना था कि उस पर किए गए खर्च का फायदा उसके ससुराल वालों को मिलेगा, सो रुपए काहे बरबाद करें ? यह नहीं सोचा कि उसकी पढ़ाई-लिखाई पर किया गया खर्च उसे आत्मनिर्भर बनाएगा। सुशिक्षित, सुसंस्कृत माँ बच्चों को अच्छे संस्कार देती है। अरे ! तुमने तो खान-पान और कपड़ों तक के मामले में भेदभाव किया। बेटी क्या और कहीं से आई है ? या अनाथालय से लाए हैं ? सोने की छुरी हो तो पेट में नहीं घुसेड़ लेते ? पर पुत्र मोह ने तो तुमको धृतराष्ट्र बना दिया। उनका क्या हश्र हुआ, उससे भी शिक्षा नहीं

ली। एक बात और गाँठ बाँध लो, बेटा शादी तक और बेटी जीवन भर पूछती है।"

यही बात माँ भी कहा करती थी। वह तो एक कदम और आगे थी, "सुन ले रे। घर गृहिणी से होता है, मर्द से नहीं। दस मर्द एक जगह रहें तो भी लोग यही कहेंगे कि वह मकान ठिल्वों का है। घर तो माँ, बहन, बेटी, पत्नी से ही होता है, वर्ना वह सिर्फ मकान है। मगर तुम मर्दों की समझ में यह बात कभी आएगी ही नहीं ?" अनपढ़ माँ को अनुभव की पाठशाला ने बहुत कुछ सिखा दिया था। दोयम दर्जे की कहलाने वाली ये औरतें कितनी तर्कबाज और तजुर्बेकार होती हैं।

सुधा का अचानक स्वर्गवास हो जाने पर सीतेश अकेला ही आया। आशी और बच्चों को साथ लाने पर तेरहवीं तक रुकना पड़ता। श्राद्ध और घर आए रिश्तेदारों-मेहमानों का खर्च भी उठाना पड़ा।

चलते वक्त आशी ने समझाया, 'तेरहवीं तक रुक कर क्या करेंगे ? जाने वाली तो चली गई। आप तो दो-एक दिन बाद लौट आइएगा। वैसे भी दसवीं तक कोई काम नहीं रहता। दसवीं को पहुँच जाना। वसुधा जीजी और जीजाजी तो हैं ही। सब संभाल लेंगे। और देखो ! भावना में बह कर फालतू खर्च की जिम्मेदारी मत उठा लेना। रिटायरमेंट पर पिताजी को ग्रेच्युटी, पेंशन, जी.पी.एफ. मिला कर तीन-चार लाख तो मिले ही होंगे ? सब कर लेंगे।' बात सीतेश के दिमाग में बैठ गई।

"पिताजी ! मैनेजर का चार्ज भी मेरे पास है। ज्यादा दिन हेडक्वार्टर से बाहर नहीं रह सकता। सिर्फ तीन दिन की छुट्टी मिली है। वैसे भी दसवीं तक कोई काम है नहीं।" तोता सटीक बोल रहा था। शर्मा-शर्मी एक हजार के नोट पाँवों के पास रख दिए।

सूनी निगाहों से वे टुकुर-टुकुर ताकते रहे। सुधा के बिना पहली बार खुद को असहाय और अपंग महसूस किया। जिस लकड़ी के सहारे बुढ़ापा काटने का सपना संजोया था, उसकी मूठ तो दूसरे के हाथ में थी।

"आप चिंता न करें भैया। मैं हूँ ना। फिर ये भी तो हैं। हम लोग सब संभाल लेंगे। माँ का श्राद्ध उनकी गरिमा के अनुरूप ही होगा। आप बेफिक्र होकर जाइए। वहाँ भाभी-बच्चे परेशान हो रहे होंगे ?" वसुधा ने आश्वस्त किया।

उन्हें लगा सुधा वसुधा के कंठ में आ बैठी है। जिसे रहना था, वह बेहिचक चल दिया। बेटी दामाद रह गए। उन तेरह दिनों में जहाँ दामाद रोमेश ने बाहर का काम संभाल लिया, वहीं वसुधा ने एक पल भी उन्हें अकेले नहीं छोड़ा। उनके लिए बेटे बंटी और पति रोमेश पर ध्यान देना कम कर दिया। बंटी के जिद करने पर समझाती, 'बंटी बेटे ! इस वक्त नानाजी को मेरी ज्यादा जरूरत है। तुम्हें भी उनका ध्यान रखना चाहिए।'

बंटी उन्हीं के आसपास खेलने लगा।

वसुधा जानती थी, माँ का भावनात्मक शून्य तो कोई भी पूरी तरह से भर

नहीं सकता ? पर उसे कम करने की कोशिश करती रहती। रात उन्हीं के पास बगल के पलंग पर सोती। जरा-सा भी खटका होने पर जाग उठती, "कुछ चाहिए पिताजी ?"

सोने के पहले च्यवनप्राश का दूध देना न भूलती। तांबे का लोटा भर सिरहाने रख देती। जानती थी सुबह उठते ही तांबे के लोटे का दो-तीन गिलास पानी पीने के बाद उसी से आँख-मुँह धोने की आदत है उनकी।

इतना ध्यान तो सुधा भी नहीं रख पाती थी। झुंझला कर कभी-कभी कह बैठती, "अब तांबे का लोटा भी भर कर नहीं रख सकते अपने लिए ? सच ! कभी-कभी बच्चों की तरह सभी चीजें हाथ में चाहते हो ?"

सच ही ! उमर बढ़ने के साथ बच्चों के समान उनकी निर्भरता सुधा पर बढ़ती चली गई थी। बढ़ती उमर के साथ ही क्यों ? शादी के बाद से ही सुधा ने चोरी-चुपके कब एक के बाद एक कर सारी जिम्मेदारियाँ ओढ़ लीं, पता ही नहीं चला ? खाने-नाश्ते में उन्हें क्या पसंद है ? चाय कब चाहिए ? नस-नस से वाकिफ हो गई थी वह। एक तरह से उन्हें अकर्मण्य बना दिया था।

वह सच ही कहती थी, "देखो ! पति के साथ लंबा अर्सा गुजारने वाली पत्नी, पति की भावनाओं, इच्छाओं, सांसों तक से इतनी अधिक परिचित हो जाती है कि बिन बोले भी कब क्या चाहिए, समझ जाती है। बहू से ये उम्मीद मत करना। बेटी जरूर एक हद तक इस कमी को पूरा कर सकेगी क्योंकि बचपन से माँ की ट्रेनिंग में जो रहती है।"

सुधा की स्थायी अनुपस्थिति की कल्पना सिहरा ही नहीं, डरा और आतंकित भी कर रही थी। वसुधा ने एक सीमा तक इसे रोकने की कोशिश की। तेरहवीं के बाद वह चली जाएगी तब ? एक अबूझ पहेली भयभीत करने लगी। अभी तो तेरहवीं को काफी वक्त है। तब की तब देखी जाएगी।

दसवीं के श्राद्ध के दिन बड़ी फजर सीतेश अकेला आया।

"क्यों रे ? बच्चों, बहू को नहीं लाया ? अरे पगले यदि पोता भी दादी को जलांजलि दे तो मृत आत्मा को शांति मिलती है ?" रत्ना ने उलाहना दिया।

"व......वो........वो........ क्या है बुआ", सीतेश अचानक के हमले से संभल नहीं पाया, लड़खड़ा गया। "वो क्या है कि राजन और टीनू के टेस्ट चल रहे हैं और आप जानो, कान्वेंट वाले बच्चों की गैरहाजिरी पसंद नहीं करते। फिर बुआ, इन सारी बातों से बच्चों का दूर रहना ही ठीक है। कच्चे मन में डर न समा जाए।" सीतेश समझ रहा था कि उसकी सफाई में दम नहीं है। वह एकदम आधारहीन और खोखली है।

'हाँ !, जब तू या तेरी घरवाली मरेंगे तब भी उन्हें श्राद्ध.....श....श.....!" ये क्या गंदी बात सोच रहे हैं ? अपने लाडले की मृत्यु-कामना ? मन हाहाकार कर उठा। हे प्रभु ! क्षमा। त्राहिमाम, त्राहिमाम ! कृपा करना भगवान ! आँखें पनिआ आने से

धुँधला गईं।

पंद्रहवीं के श्राद्ध खत्म होने पर रोमेश प्रणाम कर चुपचाप पास आकर बैठ गया। सवालिया नजरों से दामाद को ताकने लगे। आजकल किसी से कुछ भी कहना-बोलना बंद कर दिया है। जब अपना ही बेटा सुनने, मानने को तैयार नहीं है तो पराए के सामने शब्दों को भिखारी बनाने से क्या फायदा ?

"पिताजी ! मैं और बंटी, आप अनुमति दें तो कल चले जाएँ ?" श्रद्धा-आदर रोमेश की वाणी से झर गए।

उनकी नजरों ने जानना चाहा कि वसुधा नहीं जा रही ?

"वसुधा अभी कुछ दिन यहीं रहेगी। बंटी मेरे साथ रह लेगा। फिर माँ और पिताजी हैं ही। उन्होंने भी कहा है कि बहू को थोड़े दिन छोड़ आना।"

अंदर ही अंदर रुलाई घुमड़ने लगी। जबरन उसे रोक एक लंबी गहरी सांस ली। एक ये बेटा है, माँ-बाप के लिए दो बार प्रमोशन ठुकराया और एक अपने बेटा-बहू ? पुत्र मोह में सीतेश-आशी के जिन दुर्गुणों को पकड़ नहीं पाए थे, सुधा ने उन्हें जल्द ही भांप लिया था। कभी-कभी लगता था सुधा अपने ही बेटे की खिलाफत कर रही है, पर उसका मूल्यांकन कितना सही था।

"अपने खून का दूध उसे पिलाया है। उसके बारे में मैं नहीं जानूँगी तो कौन जानेगा ?" इसीलिए सीतेश की स्वार्थ से भरी हर बात का डट कर विरोध करती थी। जो बात उन्हें कहनी चाहिए थी, जिसे कहने से कतराते-डरते थे, उसे वह बेझिझक कह देती थी। उसकी साफगोई से आशी अंदर ही अंदर जल उठती थी। तब रात सीतेश को बिस्तर में समझाती, "आप इतने भोले और सरल है कि कोई आपको कुछ समझता ही नहीं ? बड़े खुर्राट हैं आपके माँ बाप। पिताजी अम्मा के जरिए आपको अपमानित कराते हैं। ऐसी कूटनीति तो हमने किसी घर में नहीं देखी ? अपने वाले ही अपनों से पारिवारिक राजनीति खेलते हैं ?"

गंभीर चिंतन में मग्न सीतेश स्वीकृति में सिर हिला देता।

उस दिन स्वार्थ से सराबोर सीतेश के प्रस्ताव को सुधा ने तत्काल ठुकरा दिया वरना वो तो बहकावे में आ ही गए थे।

"अपने पिताजी को ये राय देते हुए तुझे शरम नहीं आई कि यह मकान बेच कर किसी अच्छी कालोनी में प्लाट से बंगला बनवा लें। बचे रुपयों से मारुति खरीद लें। अरे घर पुराना और गली-कूचे में है तो क्या हुआ ? सुन रे ! यह मकान नहीं हमारा घर है घर। मकान तेरे लिए है। अरे हमने और तेरे दादा-दादी ने ईंट, रेत, सीमेंट, चूने, मिट्टी-गारे से नहीं अपने खून-पसीने, सपनों और सांसों से इसकी जुड़ाई की है। और सुन ले, इस घर के हर कमरे-आंगन में तेरे बचपन और जवानी के महत्वकाक्षी सपने बिखरे पड़े हैं, और तू इसे बेचने की बात करता है ?" अचानक भविष्यवाणी कर बैठी, "और तुम भी सुन लो जी, मेरे न रहने के बाद यदि आशी

और इसके बहकाने में आकर इसे बेचने की बेवकूफी की तो बुढ़ापा वृद्धाश्रम में या वसुधा और दामाद के यहाँ गुजारना पड़ेगा ?'' जो नहीं बोलना था, वह भी बोल गई। भान आते ही जीभ काट ली। इसका नतीजा ये हुआ कि माँ के न रहने पर भी सीतेश-आशी की हिम्मत मकान बेचने की राय देने की नहीं हुई।

ससुराल जाने के पहले वसुधा ने पिताजी की देखभाल का पक्का इंतजाम कर दिया। पुरानी काम वाली मालती बाई को सब कुछ अच्छे से समझाया। फिर भी मन न मानने पर दो-चार दिन में फोन पर पूछ लेती, ''कैसी तबियत है पिताजी ? नाश्ता, खाना, दूध वगैरह तो लेते रहते हैं ना ?''

उनके जवाब से संतुष्ट न होने पर आठ-पंद्रह दिन में देखभाल करने आ जाती। बाजार से सामान लाकर भर देती। ठंड में नया स्वेटर बुन कर भेजती। आने-जाने वालों के हाथ उनकी पसंद की कोई न कोंई चीज भेजती रहती।

इस बार अपने को रोक न पाए। बड़े प्यार-ममता से बबली की पीठ पर हाथ फिराते बोले, ''बेटी। सच्चे मन से मैंने कभी तेरा न तो लाड़-प्यार किया, न ही कुछ दिया। सदा तेरी अवहेलना की। यह घर और एफ.डी. की सारी रकम तेरे नाम करना चाहता हूँ। तू ले ले बेटी। मना मत करना।'' उनका गला भर आया। आँखें पछतावे में बह निकलीं।

वसुधा भी रो पड़ी, पर जल्दी से अपने को संभाला, आँखें पोंछते हुए बोली, ''ना पिताजी, हमें तो आपका आशीर्वाद ही काफी है। यदि आपने यह किया तो हम भाई-बहन में जिंदगी भर की दुश्मनी हो जाएगी। राखी, भाईदूज की मंगल कामना में जहर घुल जाएगा। बहका हुआ है तो क्या हुआ ? है तो आखिर मेरा भाई। इसे तो आप रहने ही दें। इन पर उसका और उसके बच्चों का अधिकार है। आप भी आशी को नहीं, भैया और उनके बच्चें को देखिए। फिर आपके दामाद भी इसे मंजूर नहीं करेंगे। उनके यहाँ किसी बात की कमी नहीं है जो मैं आपकी संपत्ति का लालच करूँ ?'' झुक कर वसुधा ने चरण स्पर्श कर प्रणाम किया।

उन्हें लगा बेटी नहीं, सुधा.... उनकी माँ समझा रही थी। बड़े प्यार-दुलार से सिर पर हाथ फिरा उन्होंने सच्चे मन से मंगलकामना कर ढेर सारा आशीर्वाद दिया।

— □ —

धरती का दुःख

रिश्ते की बहनें, चाचियाँ, मुमानी और पड़ोसनें घेरे थीं। चूड़ियों की खनक ढोलक से संगत कर रही थी। सोहर के गीत और बधाईयाँ गाई जा रही थीं। '......मेरी प्यारी बन्नो....बनी अम्मीजान है....गोद में सोया....नन्हा सा इक चाँद है....मेरी प्यारी बन्नो....दूसरी ने जोड़ा..... मेरी प्यारी सल्लो....तीसरी ने सुधारा मेरी प्यारी सलमा ....बनी अम्मीजान है....।' छोटी बहन नसीम गीत के बोलों, ढोलक की थाप और तालियों पर ठुमक-ठुमक, कमर मटकाती नाच रही थी। बच्चों की भाग-दौड़, खेल-कूद, शोर-शराबे से घर गुलजार था। बड़ी-बूढ़ियाँ बतिया रही थीं। बच्चा गोद में सो रहा था। इस हंगामें से उसे मतलब जो न था। नया झबला, टोपी, आँखों और गाल पर नजर से बचाने के लिए काजल। नन्हें, मुन्ने, गोरे, लाल पाँवों में मोजे।

रहिमन खाला मुस्कराती आई। उसकी और बच्चे की बलैया ले कानों पर अंगुलियाँ तोड़ बोली, 'वारी जाँऊ। हाय मेरे सदके। बहू बेगम कित्ती हसीन लग रही हे ? आज तेरी सास रईसा होती तो कित्ती खुश होती ? खुदा का करिश्मा भी अजीब हे ? जब तक रहीं नवासे की सूरत को तरसती रहीं। उसके जाते ही अल्ला ने दुल्हन बेगम की गोद हरी कर दी।'

सलमा कड़वाहट से भर गई। थूकने को जी मिचलाने लगा। घोंट गई तो उल्टी हो जाएगी। लेकिन लाचार थी। मन मार बैठी रही। हाँ, दुपट्टे से ओंठ पोंछे। दीवार पर टंगी सास रईसा की फोटो की ओर निगाहें बरबस उठ गईं। चेहरे पर सदा छाई रहने वाली मगरूरी तस्वीर से झांकती लगी।

लो...देख लो....कहाँ बाँझ हूँ ? माँ बन के बता दिया कि नहीं ? फिजूल में बदनाम करती फिरती थीं। बाँझ को गाली की तरह इस्तेमाल करती थीं। जब तक जिन्दा रहीं धमकाया ही ?

'सुन री सल्लो ? बच्चा नी जना तो तलाक दिला, चोटी पकड़ निकाल बाहर करूँगी ? लगता है इस खानदान का नाम तेरे से चलने से रहा ? लगता है दूसरा

इंतजाम करना पड़ेगा ? भाई की बेटी को बहू इसलिए बना के लाई कि सब देखे-भले-परखे हैं। धोखा नी होयगा। एक बाँझ-बंजर कू पल्ले बांध महमूद भाई ने खुदा जाने किस जनम का बदला लिया ?'

क्या जवाब देती। चुपचाप सुनती रही। एक हीन भावना से ग्रस्त रहने लगी। रईसा चुप नी बैठी। पीर-फकीरों की दरगाह-मजारों पर सलमा को ले गई। झाड़-फूँक, गंडे-ताबीज, मान-मनौती का सहारा लिया। अकबर के गले-बाँह पर भी ताबीज झूलने लगे। नतीजा सिफर निकलने पर घबड़ा गई। सलमा के माँ बनने में ज्यों-ज्यों देर होती त्यों-त्यों बेकरारी बढ़ती जाती। तब डाक्टरनियों के चक्कर लगाए।

डॉक्टर श्रीमती भटनागर के हिसाब से उसमें कोई खामी नहीं थी। उन्होंने अकबर को चेक कराने की सलाह दी। मगर रईसा इसे मानने को तैयार नहीं थी। अकबर में कोई कमी, खोट हो ही नहीं सकती ? गड़बड़ तो सलमा में ही है जिसे डॉक्टरनी पकड़ नी पाई ?

उस दिन पड़ोस का बबलू दौड़ा-दौड़ा आया।

'आंटी। गेंद ले लूँ ? शॉट मारने से आपकी छत पर चली गई है ?'

'हाँ। हाँ। ले लो।' बड़े प्यार से सलमा ने इजाजत दे दी।

पाँच साल का गोरा-चिट्टा बबलू दौड़ कर ऊपर चला गया।

सलमा के दिल में प्यार उमड़ा। जल्दी से अंदर जा कर कुछ बिस्कुट ले आई।

गेंद लेकर बबलू नीचे आया, 'थैंक्यू आंटी ?'

खींच कर चिपटा लिया। प्यार से सिर पर हाथ फिराते कहा, 'लो।' बिस्कुट उसके हाथ में ठूँसने लगी। थोड़ी-सी आना-कानी के बाद बबलू ने बिस्कुट ले लिए। पुनः थेंक्यू कह कर बाहर भाग लिया ?

रईसा को बहाना मिल गया, 'अरी ? दूसरे के बच्चों को क्या प्यार करती है ? अपने जने को प्यार करके बता तो जानूँ ?'

गुस्सा तो इतना आया कि कह दे, औरत तो जमीन है। बीज ही खराब होगा तो धरती फलेगी कैसे ? अच्छा बीज बोओ, बढ़िया फल न दूँ तो औरत मत कहना ? मैं तो जमीन हूँ, जमीन। जैसा बीज डालोगे वही उगल दूँगी ? बीज ही बाँझ हो तो फसल की कैसी उम्मीद ? धरती कू दोष क्यों ? हमेशा तलाक की धमकी देती रहती है ? तलाक माँगने का हक तो मेरा बनता है ? रिश्तेदारी का फायदा उठा एक नामर्द के पल्ले बाँध दिया ? और दोस मेरे माथे मढ़े जा रही है ? बोलना तो बहुत कुछ चाहती थी किंतु स्त्री सुलभ लज्जा और खानदानी शराफत ने जुबान पर ताले जड़ रखे थे।

'अरे भई। कुछ मेहमान जा रहे हैं ? मुँह मीठा करने वास्ते बतासे तो बँटवा दो ?' किसी ने ध्यान खींचा।

'बताशे ही क्यूँ खाला बी। मिठाई का भी इंतजाम है ? अरी नसीम। नाचना

छोड़ बतासे बंटवा। और मिठाई-नमकीन की पलेटें लगवा।'

नसीम नाचना छोड़ तेजी से अंदर चली गई।

'नाक तो बिलकुल अकबर भाई पे गई है। हाँ, चेहरा जरूर बहू पे है।' बच्चे के गाल को थपथपाते खाला बी ने राय दी।

'मेरे ठेंगे से ?' तिलमिलाई सलमा मन ही मन बुदबुदाई। 'अकबर का बीज होता तो नाक ही क्यूँ ? सारा शरीर बाप पे जाता ? यही तो रोना रहा कि डाक्टर से चेकअप कराना उसने मंजूर नहीं किया।' 'क्या बकती हो ? मुझे नामर्द समझती हो ? बात करने की तमीज भी है कि नी ? यही सिखाया है तुम्हारे घरवालों ने ? मर्द और घोड़े में भला खोट होती है ? तुम में ही कहीं कोई कमी है ? अच्छे से किसी दूसरे डॉक्टर से जांच कराना ?' अकबर भड़क गया था।

पढ़े-लिखे खाविंद से जिस समझदारी और सहानुभूति की उम्मीद कर रही थी वो तो मिली नहीं उल्टे उसके माँ-बाप पर तोहमत लगा दी। माँ-बेटे उसे तो उसे उसके बेकसूर मायके वालों पर भी छींटाकशी करते हैं। वो सब कुछ सुनने को तैयार थी, लेकिन माँ-बाप का अपमान दिल चाक-चाक कर देता।

इस घटना के बाद अकबर और रईसा को चोरी-चुपके खुसुर-पुसुर करते पकड़ा। उसे देख चुप हो जाते।....तो तलाक की साजिश रची जा रही है ? सोचा बच्चा गोद लेने की राय दे ? मगर जानती थी सास तुरंत मना कर देगी। उसे तो अकबर का, अपने बेटे का बच्चा चाहिए। तनाव ने विद्रोहिणी बना दिया। 'ठीक है ? खुदा ने मौका दिया तो बता दूँगी खोट किसमें है ? या परबर दिगार रहम ?' बुदबुदायी। खुदा की मेहर हो ही गई।

''और तो सब ठीक है बहू बेगम। लगता है इसकी आँखें कजरी जाएँगी ?' टुकुर-टुकुर ताकते बच्चे को देख खाला बी पुनः बोली। 'अपने बाप पे नहीं जाएगा तो क्या दादी पे जाएगा ?' कहना तो चाहती थी मगर जप्त कर गई। सास और खाविंद के दुर्व्यवहार ने चुप्पी और कछुवे की मानिंद खोल में सिमटी रहने वाली बना दिया।

'अम्मी। देखो कौन आए हैं ?' अकबर ने ध्यान खींचा। 'कौन है भई ?' रईसा बाहर आई, 'अरे ये तो अपने संजू है ? कहो बेटे कैसे तसरीफ लाए ?' रईसा प्रसन्न हो उठी। कुछ महीने पहले तक संजीव के बड़े भाई इनकम टैक्स आफिसर राजीव पंडित सड़क पार रहते थे। दोनों घरों में पारिवारिक रिश्ते बन गए। अकबर के इनकम टैक्स की फाइलें उन्होंने ठीक करा दीं। दोनों घरों में तीज-त्यौहार पर लेन-देन भी होता था। रईसा-सलमा उस घर से पर्दा नहीं करती थीं। राजीव को चिकन करी बेहद पसंद थी। जब भी बनती या इच्छा होती खाने आ जाते। कुछ ही समय पहले ट्रांसफर पर बाहर चले गए थे।

'चाचीजी परीक्षा देने आया हूँ। डिप्टी कलेक्टरी की।' संजीव ने बड़े उत्साह से जवाब दिया। 'तो छोटे साब बनोगे ? ठेहरे कहाँ हो ?' 'अभी तो कहीं नहीं ?

सामान स्टेशन पर रख कर आया हूँ क्लॉक रूम में। न होगा किसी होटल-लॉज में ठहर जाऊँगा।' 'अरे व्वा। हमारे होते होटल-लाज में क्यूँ ठहरोगे भला ? इत्ता बड़ा मकान किस दिन काम आएगा ? सामान यहीं ले आओ बेटे ? छत वाला कमरा खाली है ? घर के बच्चे हो। इधर-इधर क्यूँ ठहरोगे भला ?'

'अरे भई। इसकी जाँघ पर तो तिल है ?' खाला बी बड़ी बारीकी से बच्चे को जाँच-परख रही थीं।

तिल तो संजू की जाँघ पर भी था। अनाज-कपड़े सुखाने सलमा अक्सर छत पर जाती रहती थी। लापरवाह लड़के की किताबें, कपड़े बिखरे पाती। पलंग की चादर पर सिलवटें मिलतीं। मुस्कराते हुए सब कुछ व्यवस्थित कर देती। कमरे की झाड़-पोंछ, साफ-सफाई भी कर देती। अकबर रोज की तरह दुकान चला गया था। खाने के बाद रईसा पड़ोस में गप्प मारने पहुँच गई। खाना और चौके का काम निपटा वह भी आराम करने लगी। आसमान में घनी काली बदली घिर आई। अंधेरा छा गया। उसने बिजली जला ली। ठंडी हवा बहने लगी। वह धूल भरी आंधी में कब बदल गई पता ही न चला। दरवाजे-खिड़कियाँ खड़खड़ाने लगीं। हवा....सूँ...सूँ....सूँ ....बह रही थी। हड़बड़ा कर उठी। तत्काल खिड़की-दरवाजे बंद किए। तभी बूंदा-बांदी शुरू हो गई। छत पर कपड़े सूखने डाले थे। वक्त पर समेटा नहीं तो उड़ सकते हैं। धूल-बारिश में गंदे तो जरूर हो ही जाएँगे ? सास हजार बातें सुनाएगी। दौड़ कर छत पर जा पहुँची। संजीव पढ़ रहा था। जल्दी-जल्दी कपड़े समेटने लगी। कड़ .....कड़....कड़.... बिजली की चमक और कड़कड़ाहट आसमान को हिला गई। बूंदा-बांदी तेज बारिश में बदल गई। कपड़ों को समेट भाग कर संजीव के कमरे में घुस गई। जल्दी-जल्दी करते भी कपड़े भीग कर जिस्म से चिपट जाने के कारण छातियों का उभार और जिस्म के कटाव तीखे हो गए। बारिश का जोर बढ़ गया। 'बारिश की झड़ी थम जाए तो नीचे चली जाइएगा भाभीजी ? तब तक ठहर जाइए।' संजीव बात जरूर कर रहा था मगर उसकी चुभती निगाहों का एहसास सलमा को अपने जिस्मानी उभारों पर हो रहा था। दुपट्टे और कपड़ों को खींचकर उसने उन्हें ढकने की असफल कोशिश की। तेज बोछारें जब दरवाजे-खिड़की से अंदर आ कमरे को भिगोने लगी तो संजीव के साथ मिलकर सलमा ने खिड़की-दरवाजे बंद कर लिए। तभी बिजली गुल हो गई। कमरा अंधेरे में डूब गया। घने काले बादलों ने कमरे के अंधेरे को गहरा कर दिया। 'भाभीजान। अभी मोमबत्ती जलाता हूँ।' घुप्प अंधेरे में संजीव मोमबत्ती-माचिस ढूँढ़ने लगा। और सलमा से टकरा गया। गिरने लगा तो झुक कर सलमा ने थाम लिया। बड़ी जोर की कड़-कड़ाहट के साथ अंधेरे को चीरती बिजली चमकी। डरी सलमा संजीव से चिपट गई। जिस्मों में करंट फैल गया। सांसे गरम और तेज हो गईं। रगो में खून का दौरा तेज हो गया। एक सनसनाहट जिस्मों में फैल गई। सलमा के जिस्म से फूट रही महक ने संजीव को मदहोश कर दिया।

उसकी बाहें कसने लगीं। सलमा संभली। नारी सुलभ प्रवृत्ति प्रतिरोध करने हेतु प्रेरित करने लगी। तभी रईसा की गालियाँ-'बाँझ-बंजर, तलाक दे चोटी पकड़ कर निकाल दूँगी!' की धमकी कानों में गूँजने लगीं। तिलमिला गई। बदले की भावना से जल उठी। बता दूँगी कि मैं बाँझ, बंजर नहीं हूँ। अभी नहीं तो कभी नहीं ? मौका चूक गई तो सारी जिंदगी सास की गालियाँ पड़ेंगी। तलाक के जहन्नुम में भी जलना पड़ सकता है ? उसने बगावत कर दी। संजीव को आगोश में ले लिया। पागलों-सी उसके चप्पे-चप्पे को चूमने लगी। सलमा का अंग-अंग लहराने लगा। गुँथे बदन नीम मदहोशी में पलंग पर कब जा लेटे पता ही न चला। बाहर घनघोर बारिश हो रही थी। सुनसान सड़कें बह निकलीं। एक बारिश सलमा को भी भिगो रही थी। संजीव के बदन से निकले लावे ने उसकी देह के हर कोने में पहुँच मीठे नशे से सराबोर कर दिया। मादकता के भँवर में डूबती-उतरती रही। पलकें भारी हो गईं। अचानक बिजली आ गई। जल्दी से कपड़े पहने। बारिश अभी भी हो रही थी। किंतु जोर कम हो गया था। रोशनी में संजीव का गोरा बदन चमक रहा था। मीठे नशे के कारण संजीव आँखें बंद किए पड़ा था। जांघ पर तिल का निशान देख हैरान रह गई। कुछ देर मुग्ध ताकती रही।

ट्रिन....ट्रिन....ट्रिन....काल बेल बजी। सलमा की तंद्रा टूटी। जल्दी से संजू को चादर-कम्बल ओढ़ा, लाइट बुझा, दरवाजा बंद कर कपड़ों समेत तेजी से नीचे उतर गई। दरवाजा खोला तो रईसा थी। रिश्तेदार का लड़का छाता ताने पीछे खड़ा था। हिकारत भरी नजरों से उसे निहार रईसा अंदर चली गई।

सलमा के बांझपन और बच्चों की चाहत को लेकर रईसा चिंतित और तनावग्रस्त रहने लगी थी। सलमा को देखते ही उसका ब्लड-प्रेशर बढ़ जाता था। नतीजतन हाई ब्लड-प्रेशर की मरीज बन गई। डाक्टर ने आराम करने की सलाह के साथ दवाई दे दी। अतः रईसा अक्सर बिस्तरे पर ही पड़ी रहती। सलमा को दूसरे महीने ही पता चल गया कि बीज धरती फोड़ अंकुरित होने लगा है। तीव्र इच्छा हुई कि सास को बता दे कि वह बांझ-बंजर नहीं है। तभी एक प्रति-हिंसा और बदले की भावना से जल उठी। ...ना....नहीं....नहीं बताऊँगी.... हरगिज नहीं बताऊँगी ? बच्चे के लिए तड़पने दूँगी। जब तक संभव होगा छिपाऊँगी। अकबर को भी नहीं बताऊँगी ? बात को वो अधिक दिन छिपा कर नहीं रख सकेगी ? बच्चे की आस-तड़प लिए-लिए रईसा एक दिन सोई की सोई रह गई। जिस वक्त जनाजा उठ रहा था, सलमा पछतावे से भर गई। बता देती तो क्या बिगड़ जाता ? कम से कम शांति से तो मरती बुढ़िया ? बच्चे के लिए कितनी तड़प थी उसमें ? आखिरी बार मुँह दिखाने के लिए जब रईसा के चेहरे से चादर हटाई गई तो चेहरे पर छाई मगरूरी ने सलमा के पछतावे को कपूर-सा उड़ा दिया। दिल पत्थर-सा कठोर हो गया। अच्छा हुआ जो नहीं बताया ?

'....कुछ भी कहो। बेटा है बड़ा खूबसूरत ? रईसा के खानदान की रंगत बदल

देगा ?' खाला बी ने संतोष प्रकट किया।

'खुबसूरत क्यूँ नहीं होगा खाला बी ? बीज जो बढ़िया है ? यदि बीज खराब होगा तो फल कैसे अच्छा मिलेगा ? मगर खाला बी। सभी बीज के बजाय धरती को ही दोस देते हैं।' बेटे को जन्म देने के बाद आत्म-विश्वास से भरी सलमा ने पहली बार जुबान खोली। 'ठीक कहती हो दुल्हन बेगम। औरत तो धरती है। धरती माँ, उसे, नदी और नारी को कित्ता सहन करना पड़ता है ? सारा पाप लोग नदी को सौंप आते हैं। यदि नदी बोलने लगे तो इंसान को डूब मरने के लिए चुल्लू भर पानी भी नहीं मिले ? मरद की गिरस्ती में जिंदगी भर खटने, पिटने के बाद भी औरत मर्द और उसकी घर-गिरस्ती को संभालती है। उसके हर अत्याचार को माफ करती है। धरती माँ को चाहे जैसी चाहे गंदी करो, रोटी वही देती है। उसके बिना जिंदगी नहीं ? मरने पर अपनी गोद में प्यार से सुला लेती है। बहू-बेगम। तीनों की तकदीर एक जैसी है।' खाला बी ने लंबी सांस ली। 'लेकिन इनके दुःख-दर्द को समझतें कित्ते हैं ?' ठंडी सांस ले खाला बी ने औरत की जिंदगी के दर्द को उजागर कर दिया।

— □ —

बबली

अखबार पढ़ते-पढ़ते झपकी आने लगी। पलंग पर जाकर लेटने में आलस्य का अनुभव हुआ। तेल लगते रहने से आराम कुर्सी का सिरहाना चीकट हो गया था। रिटायरमेंट के बाद से पढ़ने, सोने, मोहल्ले का चक्कर लगाने और सेवानिवृत्त दोस्तों से गप्प लड़ाने में समय बिताते थे। दोनों पाँवों को सिकोड़, घुटनों को सीने से लगा, गर्भस्थ शिशु के समान सोने की कोशिश करने लगे। चेहरे को अखबार से ढँक लिया।

'खड़....खड़..... खड़खड़.....' दरवाजे की बाहरी साँकल खड़खड़ाने लगी। आलस्य के मारे उठने की इच्छा नहीं हुई।

'अजी सुनती हो, देखो तो कौन आया है ?' खीज के साथ पड़े-पड़े पत्नी को आवाज दी।

दरवाजा खुलने में देरी होते देख साँकल और जोर से खड़खड़ाने लगी।

'बड़ा बदतमीज है, रुकने का नाम ही नहीं ले रहा।' वे बैठक में ही लेटे हुए थे और दरवाजा दस कदम पर था। उठने की इच्छा नहीं हो रही थी। नींद की खुमारी उड़ने का डर था।

'अरे बहरी हो गई हो क्या ? कित्ती देर से आवाज दे रहा हूँ। बाहर कोई खटखटा रहा है।' हुक्म की तामील में देर होते देख झुँझला उठे।

दया तीन कमरे बाद, पिछवाड़े आँगन में धूप सेंकती, धनिया साफ कर रही थी। पति के क्रोधित स्वर से सहम, सूपड़े को बगल में रख, तत्काल उठी। पल्लू से हाथ पोंछती, लगभग दौड़ती-सी बैठक में पहुँची।

'सुनाई नहीं देता ?' फिर से डाँट, गुड़ी-मुड़ी सोने की कोशिश की।

तेजी से आगे बढ़ दया ने एक पल्ला खोला। पूरा दरवाजा खोलने पर डाँट जो पड़ती—'हजार बार समझाया दोनों पल्ले कभी नहीं खोलते। पूरी बैठक आगंतुक के सामने नंगी हो जाती है। मगर तुम्हारे भेजे में अक्ल कहाँ, जो समझ सको ? वहाँ तो भूसा भरा है, भूसा ?'

चमकते चेहरे, हँसती आँखें और ओठों पर फैली मीठी मुस्कान। डाँट भूल,

प्रसन्नता से खिल उठी,–'अरे बबली, तू ?'

बबली का नाम तेज करंट की मानिंद लगा। खुमार कपूर-सा उड़ गया। हड़बड़ाते फौरन उठे। अखबार उठा, बगल की कोठरी में जा छिपे। पर्दा खींच लिया। देह कान बन गई।

'हाँ माँ !' प्रमाण करने के लिए झुकी बबली की जल्दी से बलैया ले, बीच में ही रोक, गले से लगा लिया। ममता आँखों से बह निकली।

'ये क्या अम्मा ? रो क्यूँ रही है ? मैं आ तो गई।'

निर्निमेष निहारने लगी। निखार कुँवारेपन का है या विवाह के बाद की तृप्ति का ? समझ नहीं पाई। न माँग में सिंदूर, न गले में मगंलसूत्र, न पाँव में बिछिया ?

'इतने दिन हम लोगों की याद क्या एक बार भी नहीं आई तुझे ?'

'अब अंदर भी ले चलोगी या बाहर खड़ा रख जवाब-तलब करोगी ?'

'हाँ...हाँ... चल अंदर चल।' हाथ पकड़ डरते-डरते अंदर ले चली। बैठक और आराम-कुर्सी सूने थे। छुटकारे की साँस ली।

बबली के सुभाव और व्यवहार पर शादी का कोई असर नहीं दिखाई दिया। वैसे ही बेबाकी से बोलना, बतियाना, वही खुलापन। दया ने अनुभव किया, बबली सफलता की प्रसन्नता से छलक रही है। लगता है, ब्याह सफल हुआ है। दीवार से टिका पाट लपककर उठा लाई। अम्मा के सामने रख बैठ गई।

'कैसी हो अम्मा ? बाबूजी कैसे हैं ? सब ठीक तो है ?'

'ठीक ही है। तू बता, तेरा कैसा चल रहा है ?'

'बढ़िया ! वहाँ तो सभी खुश हैं।'

'होंगे क्यों नहीं ? ऊँचे ब्राह्मण घर की पढ़ी-लिखी, नौकरी-पेशा खूबसूरत लड़की जो मिल गई है।' दबे पाँव, बाबूजी आँगन के पास वाले कमरे में आ खड़े हुए थे। उसकी बातें सुन, मन ही मन बड़बड़ाए, हरामजादी ने घर-परिवार, जात-बिरादरी, टोले-मोहल्ले ही नहीं पूरे कस्बे में नाक कटवा दी। कहीं सूरत दिखाने लायक नहीं छोड़ा। कई दिन घर से बाहर नहीं निकल पाए थे। लगता था, एक मुर्दा स्थाई रूप से घर में टिक गया है। पति-पत्नी एक-दूसरे से मुँह चुराते। घर में रहने पर बाहर जाने की इच्छा होती। लेकिन बाहर ज्यादा देर टिक नहीं पाते। लगता, लोग उन्हें ही घूर रहे हैं। कहीं कोई बबली के बारे में पूछ न ले, इसी डर से घर भाग आते। जैसे-तैसे हालात से समझौता कर, गम भुलाने में सफल हुए थे कि आ धमकी। कैसी बेशर्म है। घाव को कुरेद, नमक छिड़कने चली आई। इच्छा हुई, चोटी पकड़ बाहर करें। पर चुपचाप सुनते रहे।

'तेरे वो कैसे हैं ?' जमाई कहने की हिम्मत नहीं हुई।

'कौन राहुल ? मजे में है।'

'उन्हें साथ क्यों नहीं लाई ?' टुकड़ों-टुकड़ों में बतिया रही थी।

'कैसे लाती ? बाबूजी से क्या अपमान कराना है ? जानती हूँ अम्मा, प्रेम-विवाह

को किसी भी युग में पसंद नहीं किया गया। सती ने जब भगवान शिव से प्रेम-विवाह किया, तो उनके पिता दक्ष प्रजापति ने उन्हें कहाँ बख्शा ? शिव का अपमान सह न सकने पर सती को आत्मदाह करना पड़ा। नारी को स्वयंवर का अधिकार देने और उसकी पूजा करने वाले आर्यों, देवताओं ने सती-शिव के साथ जो किया, वह सब मैं राहुल के साथ होने देना नहीं चाहती। राहुल तो साथ आने को तैयार थे। मैंने ही मना कर दिया।' बात खत्म करते-करते बबली का स्वर तीखा हो गया।

दया निहारती रह गई। माहौल को हल्का करने के लिए, जल्दी से बात बदली, 'और तेरी नौकरी ? वो तो चल रही है ना ?'

'उसको क्या हुआ ? मजे में चल रही है। अपन ने पहले ही राहुल को साफ कह दिया था, नौकरी नहीं छोड़ेंगे ? मंजूर हो तो बोलो ? राहुल ने नौकरी नहीं छुड़वाने का वचन दिया।'

नौकरी क्यों छुड़वाने लगा ? कमाऊ बीवी हर महीने, दहेज की रकम नकद जो दे रही है। बाबूजी का मुँह कड़वाहट से भर गया।

'अरी बबली, तू जमाई बाबू का नाम लेती है ?'

'क्यों ? नाम लेने में क्या बुराई है ? वह लेने के लिए ही है। नाम लेने से कोई उमर थोड़े ही घटती है। सड़ी-गली रूढ़ियों से, बंदर के मरे बच्चे-सा चिपके रहने में क्या तुक ? 'अजी सुनते हो, बबली की अम्मा,' घुमा फिराकर संबोधित करने की बजाए सीधे नाम लेने में क्या हर्ज ? नाम तो नाम, मैंने शादी के बाद मायके का सरनेम भी नहीं बदला। उसके साथ सिंह लगा लिया-'बबली भट्ट सिंह !' दया टुकुर-टुकुर ताकती रह गई।

'इंदिराजी भी तो अपने को इंदिरा नेहरू गाँधी कहती थी कि नहीं ?' बबली ने उलटे प्रश्न किया।

इंदिरा बनने चली है। इस गरीब बाप के मुख पर, स्थाई रूप से कालिख पोतने का इंतजाम कर दिया है शैतान की खाला ने। लोगों को पता लगता रहे कि पवित्र भट्ट ब्राह्मणों की बेटी ने राजपूत से ब्याह किया है। कहीं का नहीं छोड़ेगी। बाबूजी ने दीर्घ साँस ली।

'तूने शादी भी की है या ऐसे ही साथ रह रही है ?'

दया अपने को अधिक रोक न सकी। अपना डर-चिंता प्रकट कर ही दी।

'तुम्हें शक क्यों हो रहा है अम्मा ? बाकायदा आर्य समाज की वैदिक रीति से सप्त-पदी की है। पूरे सात फेरे।'

'फिर माँग में सिंदूर....गले में मंगलसूत्र....बिछिया ?'

दया बात पूरी नहीं कर पाई। जाने क्या सुनने को मिले ?

'ये सब गुलामी की निशानियाँ हैं अम्मा। मर्द द्वारा औरत को पहनाई गई बेड़ियाँ। औरत को बाँधे रखने की साजिश। एक नहीं सात जनम की गुलामी चाहता

है। बताओ तो भला, कोई भी शादी-शुदा मर्द सुहाग चिह्न क्यों नहीं पहनता ? कुँवारा बने रहने का भ्रम बनाए रखता है। दिलफेंकी के लिए स्वतंत्रता चाहता है। किसी कुत्ते के गले में जैसे मालिकाना हक का पट्टा बाँध देते हैं, वैसे ही औरत के गले में मंगलसूत्र ! हम औरतें ही इसे मंजूर कर, अपनी उपलब्धि पर फूली नहीं समातीं। मैंने तो राहुल और उसके घरवालों को साफ कह दिया कि शादी कर वो मुझ पर कोई अहसान नहीं कर रहा। उल्टे मैं ही उन पर उपकार कर रही हूँ। बराबरी के हक से रहने देगा तो रहूँगी वर्ना....?' जानबूझकर बात पूरी नहीं की।

दया स्तब्ध रह गई। अपलक देखती रही और बाबूजी को काटो तो खून नहीं। नारी जीवन की त्रासद सच्चाइयों को, जिस बेबाकी से बबली उजागर कर रही थी, जिंदगी का सच, कड़वा सच था वह।

'अपनी ही जिंदगी देखो अम्मा। क्या सुख दिया बाबूजी ने तुम्हें ? दरवाजा खोलने की छोटी-सी बात ही ले लो। बैठक में होने के बाद भी, दस कदम दूर का दरवाजा खोलते नहीं बना उनसे ? हर छोटी-बड़ी बात पर तुम्हें डाँटते-झिड़कते हैं। गलती किसी की भी हो, गुस्सा तुम पर ही उतरता है। एक तुम हो ! उनकी सुख-सुविधा, कल्याण के लिए खटती, चिंतित रहती हो। जिसे एक जनम झेलना भी मुश्किल है, उसे अगले सात जन्म पाने के लिए करवा चौथ, हर तालिका तीज का व्रत रखती हो। उन्होंने कभी कोई व्रत तुम्हारे कल्याण के लिए रखा ?'

बाबूजी को साँप सूँघ गया। दया दीवार ताकने लगी।

'बाबूजी ने तुम्हारा भावनात्मक, दैहिक, आर्थिक सभी प्रकार का शोषण किया। तुम प्रायमरी शिक्षिका हो। बिन माँगे पहली को उन्हें पूरी तनख्वाह दे देती हो। घर चलाने में बराबरी से जिम्मेदारी निभा रही हो। कभी बाबूजी ने, उसमें से कुछ रकम तुम्हें दी, कि रख लो, मनमर्जी से खर्च करना ? या कभी कहा कि घर-नौकरी के काम से थक गई होगी, थोड़ा आराम कर लो ! आज तुम्हारे लिए चाय मैं बना देता हूँ ? ऐसा कहने पर बेइज्जती जो हो जाती। तुमसे छोटे हो जाते ?'

बाबूजी कसमसाकर रह गए।

'गलती तो हमारी, हम औरतों की ही है। अपनी बहन, बेटियों को मर्द की गुलामी की विरासत, घुट्टी में ही दे देती हैं। अपनी छोटी-मोटी खुशियों, सुख-सुविधाओं के लिए मर्द का मुँह जोहा करती हैं।' एक पल चुप रही। बोले कि ना बोले। फिर बोलने का ही तय किया, 'मर्द ने औरत के चरित्र को हमेशा शक की नजरों से देखा है अम्मा। भगवान राम ही कहाँ अपवाद थे। सीता का परित्याग किया कि नहीं ? फिर बाबूजी कहाँ लगें ? बचपन से ही देख रही हूँ। मुझे बच्ची समझ, तुम लोगों ने ध्यान नहीं दिया। मगर जानती हूँ, जब भी अनु मौसी आतीं बाबूजी खिल उठते। उनसे बड़े घुल-मिलकर, रस ले-ले बतियाते। हँसी-मजाक के बहाने छेड़ लेते थे। लेकिन जब भी अर्जुन मामा के मित्र सुयश मामा आपसे मिलने आए, उन्हें खासकर

तुम्हें शक की निगाहों से ही देखा। उनके जाने के बाद तुम्हें कित्ता रुलाते थे। तंग आकर तुम्हें ही सुयश मामा से हाथ जोड़ न आने के लिए विनती करनी पड़ी।'

चेहरा लाल-सुर्ख हो उठने से, दया ने सिर झुका लिया। लज्जा के मारे, कोखजायी से नजरें मिलाने की हिम्मत नहीं हुई। शब्द खो गए।

और बाबूजी ? खड़े रहना दुश्वार हो गया। कमरे से भाग जाना चाहते थे, मगर पाँव जमीन में गड़-से गए। कुछ देर अबोला तैरता रहा। सारा हिसाब बबली आज ही चुका लेना चाहती है शायद।

'उस रात तुम लोगों को बताए बिना, बाबूजी की नाराजी की परवाह न करते हुए, जब मैं चली गई, तो निश्चित ही इसके लिए उन्होंने तुम्हें ही दोष दिया होगा। तुम्हारा जीना मुहाल कर दिया होगा। तुम्हें जिम्मेदार मान, सारा गुस्सा तुम्हीं पर निकाला होगा। मियाँ का गुस्सा जूती पर। वैसे भी औरत पाँव की जूती है ही।'

बात कुनैन-सी सच थी।

पहली बार, जब बाबूजी को पता चला कि बबली आफिस के बाद राहुल सिंह के साथ बाजार, कॉफी-हाउस ही नहीं, सिनेमा भी जाती है तो तिलमिला गए। लेकिन डाँटने की हिम्मत नहीं हुई। जानते थे, नौकरी छोड़ने की धमकी ही नहीं देगी, छोड़ भी देगी। तब पेंशन में गुजारा चलाना मुश्किल हो जाएगा। तानाशाही का जो किला खड़ा कर रखा है, ताश के महल की तरह ढह जाएगा। एक साजिश के तहत दया के जरिए अपनी नाराजी का इजहार करा दिया। एक औरत को दबाने के लिए दूसरी का इस्तेमाल किया। घर-परिवार की इज्जत की खातिर माँ, बेटी को अच्छी तरह से दबा सकेगी। दबदबा भी बना रहेगा।

बबली ने दबना बचपन से ही नहीं सीखा था। राहुल से चर्चा कर घर छोड़ने की योजना बनाने लगी। तभी हादसा घट गया। उस रात देर से घर लौटी, तो बाबूजी गुस्से से भरे बैठे थे। दया पर बरस पड़े-'तुम्हारे लाड़ ने बहुत बिगाड़ दिया है। अरे लड़की हो। लड़की की तरह से रहो ? यह कोई होटल या धर्मशाला है ? जब जी चाहा आए ? अपनी नहीं तो घर की इज्जत का तो ध्यान रहे ? पर नहीं। नौकरी क्या कर रही है, मान-मर्यादा भी घोलकर पी गई ?'

तीखा जवाब देना बबली भी जानती थी किंतु जब्त कर गई। राहुल की पिक्चर की जिद के सामने झुकना पड़ा था। घर पहुँचते दस बज गए थे। बिना जवाब दिए अंदर चली गई।

'उसे साफ कह दो-आइंदा देर से आई और उचक्कों के साथ घूमते देखा, तो टाँगें तोड़ दूँगा।'

दया अपराधी-सी सिर नीचा किए सुनती रही। उस दिन से दया, बबली को साथ सुलाने लगी। माँ की खातिर वह वक्त पर आने ही नहीं लगीं, घर के काम में भी हाथ बँटाने लगी। राहुल भी बाहर चला गया। मामले को ठंडा पड़ता देख,

बाबूजी निश्चिंत हो गए।

रात चुपके से उठी। सतर्क दया ने पूछा, 'क्या बात है बबली ?'

'कुछ नहीं ! जरा बाथरूम जा रही हूँ अम्मा।'

'चल मैं भी चलती हूँ।' दया साथ हो ली। बबली बाथरूम में घुस गई। दया खंभे के सहारे बैठ गई। दरवाजे को थोड़ा खोल, बबली ने जायजा लिया। कच्ची नींद में उठने से दया जल्दी ही ऊँघने लगी। बाहर आकर कुछ देर आहट ली। बदली में चाँद के छिप जाने से अँधेरा आँगन में सन्नाटे के साथ लिपटा पड़ा था। दबे पाँव पिछवाड़े का दरवाजा खोल, बाहर से बंद कर दिया। कुछ देर पुनः आहट ली। कुछ न पा, बेधड़क राहुल से जा मिली।

सहसा दया की नींद उचट गई। बाथरूम बंद था।

'बबली....ओ.....बबली ?' उत्तर न मिलने पर नींद उड़ गई। चट से दरवाजा धकाया। बाथरूम खाली था। घबरा गई। दौड़कर अंदर गई। सारा घर छान मारा। बौराई-सी वापस आँगन में आई। पिछला दरवाजा बाहर से बंद था। हाय खा, हत बुद्धि-सी बैठकर रोने लगी। रोते-डरते बाबूजी को जगा, सारी बात बताई। पहले तो समझ में कुछ नहीं आया। समझते ही सार्वजनिक लज्जा, अपमान के भय से पीले पड़ गए। फिर नपुंसक क्रोध से उबल पड़े, 'बेटी को भगाकर सफाई दे रही है। तेरी ही शह ने यह कदम उठाने की हिम्मत उसे दी। यदि ठीक से सही शिक्षा और संस्कार देती, तो ऐसा कदम वह कभी न उठाती। तू क्या खुद कम थी ? सुयश को हिलगाए रखा कि नहीं ? तेरे संस्कार तेरी बेटी में आए तो क्या ताज्जुब। मुझे बेवकूफ समझती है।' तड़ातड़ तीन-चार तमाचे जड़ दिए।

उस दिन के बाद, जब भी मौका मिलता, दया को गालियों से नवाजते। दया गूँगी हो गई।

'तुम्हारे जीवन ने बहुत सबक सिखाए हैं अम्मा। इसीलिए, शादी से पहले, राहुल से साफ-साफ बात कर ली। अब देखो, वह मेरी भावनाओं की कदर करता है तो जोरू का गुलाम कह मजाक उड़ाते हैं। ये भी कोई बात हुई भला ? अच्छा चलती हूँ।' बबली उठ खड़ी हुई।

'अरे, बिना खाए-पिए कैसे चल दी ?' दया तो रात रोकना चाहती थी। लेकिन हिम्मत नहीं हुई।

'खाने-पीने का क्या ? कभी-भी आकर खा लूँगी ?' दोनों बाबूजी का जिक्र टाल रही थीं। जाते-जाते बबली बोल ही गई, 'बाबूजी तो मेरी सूरत से भी नफरत करते होंगे ?'

दया ने उत्तर नहीं दिया।

बेटी का मरा मुँह भी न देखने की कसम खाए बाबूजी, अपनी सूरत दिखाने की हिम्मत नहीं जुटा पाए।

— □ —

यशोदा माँ

अपने बजाए दूसरों में दोष ढूँढना अधिक सरल है। मानसी यही कह रही थी। उसे उम्मीद नहीं थी कि उसके टुकड़े पर पलने वाली यशोदा एक दिन उसी का बेटा छीन लेगी। जिस दिन काम माँगने आई थी, कैसी दयनीय हालत थी। फटी साड़ी के पल्ले से झाँकते, तेलहीन, घास के तिनकों से बाल, तन पर जमे मैल के कारण साँवला बदन अधिक काला लग रहा था। न पाँवों में चप्पल न हाथों में चूड़ियाँ। आज वही ऐसा बदला ले रही थी। मन जहरीला हो गया।

सारी गलती पीयूष की है। उसकी खातिर माँ-बाप, परिवार जात-बिरादरी से बैर-भाव मोल ले प्रेम-विवाह किया। चार-पाँच साल भी निभा नहीं पाए। मर्द होते ही ऐसे हैं। घृणा-वितृष्णा से मन कड़वा हो गया। जिसे नौ माह पेट में पाला। अपनी देह और आत्मा को गला कर उसका निर्माण किया। अपने खून का दूध बना पिलाया। जो उसकी साँसों और सपनों का केंद्र है। उसी ने उसके मातृत्व के साथ दगाबाजी कर, एक नौकरानी का आँचल थाम लिया। सोच भी नहीं सकती। आत्मा हाहाकार कर उठी। टूटकर बिखर गई।

अदालत में थोड़ी देर पहले जो नाटक घटा, उसने पीयूष और मानसी दोनों को हिलाकर रख दिया। उन दोनों को ही नहीं, उपस्थित रिश्तेदारों, मित्रों, शुभचिंतकों, कचहरी के बरामदों में मटर गश्ती करने वालों के साथ ही पैरवी करने वाले वकीलों तक को अचंभित कर दिया। न्यायमूर्ति शर्माजी को भी चौकाया। एक पल तो न्याय मूर्ति समझ नहीं पाए कि क्या कहें।

हालाँकि वे अच्छी तरह से जानते थे कि कानून के मुताबिक आठ साल की आयु पूरी करने तक बच्चे को माँ के संरक्षण में दिया जा सकता है। मानसी को उसके वकील सक्सेना ने भी यही विश्वास दिलाया था, 'मुकदमा तो हम जीते जिताए हैं, मानसी जी। सोनू की उमर इस वक्त कितनी है ?' 'चौथा साल लगा है' मानसी ने उत्तर दिया।

तो मानसीजी आप निश्चिंत रहें। अगले पाँच साल वह आपके संरक्षण में ही रहेगा। इन पाँच सालों में इतना प्यार दीजिएगा उसे कि पीयूष के पास जाने का नाम ही न ले।' यद्यपि स्वीकृति में मानसी ने सिर जरूर हिलाया, परंतु संशय के भँवर से अपने को निकाल नहीं पाई। संशय के भँवर से घिरी ही कचहरी आई। 'इसमें कोई संदेह नहीं योर ऑनर, कि आठ साल की उम्र तक बच्चे के सरंक्षण का अधिकार माँ को है। इसकी इजाजत कानून भी देता है। प....र....।' इस पर और अपने कानूनी मुद्दे को अधिक ताकतवर बनाने के लिए, पँवार जानबूझकर पूरी नाटकीयता के साथ चुप हो गया। मानसी के प्राण ऊपर और नीचे की साँस के बीच जा अटके। न्यायमूर्ति शर्मा सावधान हो गए। सभी उपस्थितों की साँस रुक गई। अपने 'पर' का वांछित प्रभाव देख पँवार ने बात बढ़ाई,—'पर योर ऑनर। मानसीजी के पास समय है कहाँ ? जो अपने प्यार, दुलार और ममता के आँचल तले सोनू को सरंक्षण दे सके ? सच बात तो ये है श्रीमान कि अपने पूर्व पति पीयूषजी के लिए भी इनके पास समय का अभाव था। इसी कारण तो उनके बीच तलाक हुआ। वे एक महत्वाकांक्षिणी सरकारी अफसर हैं। सुबह जल्दी से तैयार हो नौ-साढ़े नौ तक ऑफिस के लिए चल देती हैं। साँझ छः-सात तक लौटती हैं। ऑफिस का काम निपटाने के चक्कर में कभी-कभार और देर से लौटती हैं। समझ लीजिए तकरीबन दस घंटे प्रतिदिन सोनू और घर से दूर रहती हैं। कभी-कभी सरकारी काम से टूर पर भी जाती हैं। कॉन्वेंट की लोअर के.जी. के छात्र सोनू को नौकरानी यशोदा, साढ़े सात तक तैयार कर जब बस में छोड़ने जाती है, उस वक्त तक थकीहारी मानसीजी सोई रहती हैं। स्कूल से बचे समय में सोनू, अपनी माँ के प्यार-दुलार की छाँव के बजाए, अपनी आया यशोदा की सेवा-टहल के संरक्षण में रहता है। मैडम मानसी के पास समय कहाँ है ?

पँवार का हर तर्क तीखे व्यंग्य बाणों की तरह, मानसी की आत्मा को गोद रहा था।

'इसलिए योर ऑनर, मेरा नम्र निवेदन है कि विशेष परिस्थितियों को ध्यान में रखते हुए सोनू को उनके पिता पीयूष अपाध्याय के सरंक्षण में रखा जाए। वे एक सम्मानित शिक्षक हैं। एक शिक्षक होने के नाते, सोनू की पढ़ाई और भविष्य-निर्माण के प्रति पूरे सजग रहेंगे। मानसीजी से तलाक के बाद से वे अपने घर अपने माता-पिता के साथ रह रहे हैं। फिर सोनू को अपने दादा-दादी का लाड़-प्यार और ममता भी भरपूर मिलेगी। आप जानते ही हैं श्रीमान, कि मूलधन से ब्याज अधिक प्यारा होता है। वैसे भी सोनू के दादा-दादी अपने पौत्र का प्यार पाने के लिए तड़प रहे हैं। उन्हें सोनू के प्यार से वंचित रखने का अधिकार मानसीजी को कदापि नहीं दिया जा सकता। चूँकि मानसीजी नौकरी छोड़ेंगी नहीं....।'

'नहीं....नहीं....अपने बेटे की खातिर मैं नौकरी छोड़ दूँगी। जरूर छोड़ दूँगी।

चीख कर मानसी, पँवार वकील की दलीलों को छिन्न-भिन्न करना चाहती थी। लेकिन कर नहीं पाई। नौकरी छोड़ देगी तो खाएगी क्या ? सरकारी फ्लेट खाली करना पड़ेगा। सड़क पर आ जाएगी।

'मैं अपनी माँ, सोनू की नानी को साथ रखूँगी। वे उसकी देखभाल करेंगी। सोनू की नानी माँ....' किंतु माँ नहीं आएगी। वे तो उससे बेहद घृणा करती हैं। उनके द्वारा पसंद किए गए आई.ए.एस., आई.पी.एस., इंजीनियर, डॉक्टर, प्रोफेसर लड़कों के बजाए मानसी ने जब फटीचर, हायर सेकंडरी लेक्चरर का वरण किया तो वे जल-भुन गईं। सार्वजनिक लज्जा और अपमान की अनुभूति ने उन्हें मरणांतक पीड़ा दी। शादी में आना तो दूर आशीर्वाद तक नहीं भेजा। उनके लिए तो मानसी, मर चुकी थी। लाचार, असहाय, निरुपाय मानसी, सिर नीचा किए बैठी रही।

'इसीलिए श्रीमान से निवेदन करूँगा, कि 'हिंदू वार्ड एवं गार्जियन एक्ट 1956 की धारा 6 के एवं 19' के अंतर्गत विशेष परिस्थितियों एवं सोनू के कल्याण को दृष्टिगत रखते हुए उसे श्री पीयूष उपाध्याय के सरंक्षण में दिया जाए। माँ के प्यार की कमी दादी-माँ पूरी कर देंगी। देट्स ऑल योर ऑनर।'

पँवार की दलीलों ने जस्टिस शर्मा को सोचने को मजबूर कर दिया। कोर्ट रूम में सन्नाटा पसर गया। न्यायमूर्ति शर्मा को न जाने क्या सूझा, कि अचानक पूछ बैठे, 'सोनू बेटे, आप किसके साथ रहना चाहेंगे ? मम्मी के या पापा के ?' शायद जानना चाहते हों, दोनों में से कौन सोनू को ज्यादा प्यार करता है। सभी चौंक पड़े। अज्ञात के भय के मारे मानसी मुरझा गई। बड़ी-बड़ी मासूम, भोली, निगाहों से सोनू चुपचाप जज साहब को निहारता रहा। फिर मम्मी और पापा को बारी-बारी से निहारा। ममता का ज्वार मानसी के नयनों से झरने लगा। बेटे को सीने से चिपटाने के लिए बाँह कसमसाने लगीं। किंतु भावनाओं को काबू किया। कोर्ट में कोई सीन नहीं खड़ा करना चाहती थी। पीयूष शांत-गंभीर बना रहा। कुछ पल सोनू को अपलक ताकता रहा। वे पल मानसी की आत्मा पर भारी पड़ रहे थे। सोनू जब से थोड़ा बहुत समझने लगा, अपने मम्मी-पापा को हर बात पर झगड़ते पाया। घर के दमघोटू वातावरण ने उसे डरपोक बना दिया। मृग छौने-सा भयभीत सहमा सोनू पापा-मम्मी को हर बात पर बहस करते टुकुर-टुकुर देखा करता। बहस जल्दी ही दोषारोपण और झगड़े में बदल जाती। तब डरकर वह आया यशोदा की गोद में, खरगोश की मानिंद जा दुबकता। यशोदा उसे छाती से चिपका, दूसरे कमरे में ले जा, दरवाजा बंद कर लेती। प्यार-ममता से पीठ थपथपाते गुनगुना कर सुलाने की कोशिश करती। सोनू तनावग्रस्त रहने लगा। असमय गंभीर और चुप्पा हो गया। कलह के वक्त, खूबसूरत मम्मी, परी-कथा की चुड़ैल में तब्दील हो जाती। मम्मी-पापा एक डर बनकर उसकी बाल-आत्मा में कुंडली मारकर बैठ गए। उनसे कुछ भी कहने, माँगने, पूछने की हिम्मत नहीं होती थी। बोलता-बतियाता, रूठता-मचलता, झगड़ता और जिद भी केवल यशोदा से ही

करता था। उसी की सोहबत में उसे शांति मिलती थी। वरना मम्मी-पापा जब तक घर में रहते, वह तनावग्रस्त रहता। डर लगा रहता, न जाने कब किस बात पर झगड़ पड़ें। वह चुपचाप गूँगा बना, उन्हें अपलक देखता रहा।

सभी की उत्सुक नजरें उस पर टिक गईं। उसकी चुप्पी और चुभती दृष्टि ने मानसी-पीयूष को परेशान कर दिया। रेत-सा फिसलता वक्त, भारी पड़ने लगा। कुछ देर निहारने के बाद वह धीमे कदम चल पड़ा। मानसी को अपने और बेटे के बीच का फासला मीलों लंबा लगा। उसे पूरा विश्वास था, सोनू उसी के पास आएगा। दौड़कर उसे उठा लेने को धड़कता दिल मचल उठा। परंतु भावनाओं पर जैस-तैसे काबू पा लिया।

सोनू उनके बीच से ऐसे गुजर गया, जैसे उन्हें पहचानता ही न हो। उनके पीछे खड़ी आया यशोदा का पल्ला कसकर पकड़ लिया। यशोदा आसमान से गिर पड़ी। उसे उम्मीद नहीं थी कि सोनू बाबा अपनी मम्मी-पापा के बजाए, उसके साथ रहना पसंद करेंगे। एक क्षण के लिए दिल खुशी से मचल गया। लेकिन शीघ्र ही वह भयभीत हो उठी। लगा, सोनू बाबा की लाल, प्यारी नन्हीं हथेली से चिंगारियाँ निकल, उसके आँचल को जला देंगी। उसने आँचल खींचना चाहा। परंतु उन नन्हें हाथों ने उसे कसकर पकड़ रखा था। सारी अदालत स्तब्ध रह गई। भय से काँपती अपराधी-सी यशोदा नीची निगाह किए चुपचाप खड़ी रही। मानसी तिलमिला और तड़प उठी। तड़....तड़.....तड़..... तीन-चार तमाचे जड़ देने की तीव्र इच्छा हुई। हरामजादी की ये हिम्मत ? वह तेजी से पलटी।

'जरा ठहरिए मानसीजी।' सतर्क न्यायमूर्ति शर्मा के गुरु-गंभीर स्वर ने उसके पाँव बाँध दिए। क्रोध की नपुंसकता के अहसास से रुलाई फूट पड़ना चाहती थी। रुमाल मुँह में ठूँस, उसे जबरन रोका। रोकर कमजोरी जाहिर करना नहीं चाहती थी। जस्टिस शर्मा अप्रिय घटना से बचना चाहते थे।

'सक्सेनाजी, पँवार साहब !' उन्होंने दोनों के वकीलों को संबोधित किया, 'यदि आप साहबान को आपत्ति न हो, तो मैं अपने चेंबर में मानसीजी और पीयूषजी से बात करना चाहूँगा ?'

सक्सेना और पँवार ने एक-दूसरे को निहारा। आँखों-आँखों में स्वीकृति दे दी।

'मुझे कोई आपत्ति नहीं है। सर।' पहल सक्सेना ने की।

'मुझे भी नहीं।' पँवार ने भी मंजूरी दे दी।

न्यायमूर्ति शर्मा के चेंबर में जब वे पहुँचे, तो उनके मुख तमतमाए थे। इतने बड़े अपमान की कल्पना उन्होंने सपने में भी नहीं की थी।

'आइए, बैठिए।' कुर्सियों की ओर शर्माजी ने इशारा किया। कुछ देर अबोला तैरता रहा। कमरे की हवा और उनके दिल भारी थे।

यदि अलग रहने के लिए दबाव न डालती, तो आज के हालात का सामना

नहीं करना पड़ता। अम्मा और पिताजी के साथ रहते तो सोनू एक घटिया, आदिवासी नौकरानी के बजाए, अपने दादा-दादी के लाड़-प्यार और ममता के आँचल की छाँव में पलता। ये दिन तो नहीं देखना पड़ता।' हतप्रभ पीयूष गुस्से को रोक नहीं पाया।

मानसी भी हतप्रभ थी। उसने तत्काल प्रतिवाद किया, 'आपकी अम्मा ने ही कब मुझे अपनाया ? बात-बात पर अपमानित करती थीं। हमारे विवाह को उन्होंने कब स्वीकारा ? वे तो मानती थीं कि मैंने उनके भोले-भाले बेटे को फाँस लिया है। खाना तो दूर, मेरे हाथ का पानी पीना भी वे पसंद नहीं करती थीं।' बात खत्म करते-करते बड़ी देर का रुका गुस्सा, आँसू बनकर बह निकला।

बात सच थी। पीयूष इकलौता बेटा था। उसे और खासकर बहू को लेकर कई सपने अम्माजी ने बुन रखे थे। मानसी, जात-बिरादरी की होती तो भी वे गम खा लेतीं। एक तो दूसरी जाति की, तिस पर मानसी बेनर्जी, बंगालन। पवित्र रसोई से उठती मछली की दुर्गंध मन-मस्तिष्क में भर जाने के भय से वे घबरा उठी थीं। ऊपर से नौकरी-पेशा। इतना सारा पचा पाना उनके बस का नहीं था। सपना था, बहू आएगी तो चौके-चूल्हे, घर-गृहस्थी के झंझटों से छुट्टी मिलेगी। सारा समय पूजा-पाठ, बिहारीजी के मंदिर में भागवत कथा सुनने, व्रत-उपवास, तीरथ-धरम में बिताएँगी। लेकिन नौकरीपेशा बहू की बहू बनकर रहना पड़ेगा ? हे भगवान, ये किस पाप की सजा दे रहे हो ? अम्माजी की आत्मा दुःखी हो गई। मानसी द्वारा पीयूष का नाम लेकर पुकारने पर जलभुन जातीं। कॉलेज में सहपाठी रहे तो क्या। आज तो पीयूष उसका पति है।

कॉलेज में मानसी और पीयूष एक-दूसरे से बेहद प्रभावित थे। परंतु सेकंड ईयर के बाद, मानसी के पापा प्रणव बेनर्जी का तबादला हो जाने से, वे जबलपुर चले गए। पाँच साल बाद, अचानक एक दिन बाजार में भेंट हुई, तो पता चला मानसी के पापाजी शांत हो गए हैं। और वह बाल विकास अधिकारी बन तबादले पर आई है। मम्मी साथ है। रोज की मुलाकातें कब प्यार में बदल गईं, पता न चला। और जब मानसी पीयूष की बहू बनकर घर आई, तो अम्माजी तिलमिला गईं। मानसी के इस कदम से नाराज मम्मी, अपनी दूसरी बेटी के पास रहने चली गईं। मांस-मछली खाने वाली बहू को उन्होंने सफाई से, पूजा घर और रसोई घर से बेदखल कर दिया। यदि मानसी चाय-नाश्ता या खाना बनाने किचन में जाने का प्रयत्न करती, तो चौकन्नी अम्माजी प्यार से कहतीं, 'तू रहने दे बहू, मैं सब कर लूँगी। तुझे ऑफिस भी तो जाना है। उसकी तैयारी करो।' छुट्टी या रविवार के दिन मानसी के रसोई में चले जाने पर, वे व्रत-उपवास रख लेतीं। पर आत्मा व्यथित हो उठती। दूसरे दिन उसके ऑफिस जाते ही, सारी रसोई को धो-पोंछकर पवित्र करतीं। फिर उन्होंने खाना बनाने के लिए मिसरानी रख ली। शुरू-शुरू में मानसी समझी नहीं। पर जब समझी, तो फुँफकार उठी। पीयूष से खुलकर बात की, 'अपने ही घर में अछूत बनकर नहीं रहूँगी।'

'कुछ नहीं है। अम्मा पुराने विचारों की रूढ़िवादी हैं। उस पर ध्यान मत दो। फिर तुम्हें क्या, सब कुछ हाथ में मिल रहा है। काहे को परेशान होती हो ?' पीयूष ने समझाया। अपमानित मानसी झुकने या मानने को तैयार नहीं थी। तबादले पर जब आई थी, तो सरकारी फ्लेट मिला था। शादी के बाद पीयूष के घर आ जाने के बाद भी, फ्लेट खाली नहीं किया था। न जाने कब जरूरत पड़ जाए। अम्माजी के व्यवहार से सख्त नाराज मानसी, फ्लेट में चलकर रहने के लिए पीयूष पर दबाव डालने लगी। दो नारियों के बीच फँसा पीयूष जब अधिक बर्दाश्त न कर सका, तो मानसी के साथ फ्लेट में रहने चला गया। अलग होते ही मानसी ने यशोदा को रख लिया। यशोदा ने सारा घर, ऐसे सँभाल लिया, जैसे सदा से उनके साथ हो। आदिवासी यशोदा, मछली बढ़िया बना लेती थी। जो कमी उसमें थी, मानसी ने पूरी कर दी। अपने पुराने कपड़े उसे दे देती थी। नापसंद चीजों पर भी यशोदा का अधिकार होता। रहने-सहने का ढंग भी उसे सिखाया। प्यार के पहले ज्वार में, उन्हें एक-दूसरे के अवगुण और कमजोरियाँ दिखाई नहीं दिए। जब कभी दिखे भी तो आकर्षक लगे। फिर पिताजी-अम्माजी की मर्यादा का पर्दा था। अलग होते ही, सारे व्यवधान स्वतः हट गए। जिंदगी का भाटा शुरू होते ही, एक-दूसरे के अवगुण-कमजोरियाँ अखरने लगीं। अपने विवाह को बचाने के चक्कर में, पीयूष अलग जरूर हो गया था, परंतु अम्मा-पिताजी के प्रति अपराध-बोध से ग्रस्त था। उसे शीघ्र अनुभव हो गया कि महत्वाकांक्षिणी व कैरियरिस्ट मानसी सफलता के शिखर पर पहुँचने के लिए, कुछ भी दाँव पर लगा सकती है। उसकी बड़ी तनख्वाह वाले उच्च पद के दंभ का दंश, उसे बुरी तरह सालता। मतभेद कब मनभेद में बदल गया, उन्हें पता न चला। आर्थिक सुरक्षा और बढ़िया खान-पान ने यशोदा की देह को निखार दिया। जल्द ही माँ भी बन गई। गर्भावस्था और प्रसव के बाद के कुछ दिनों, मानसी ने उसकी पूरी देखभाल की। अनुभव ने अनपढ़ यशोदा को सिखाया, घर की मालकिन मानसी है। उसका मेमसाहब कहना, मानसी के अहं को गुदगुदाता। लड़ते-झगड़ते मानसी माँ बन गई और यशोदा आया। शुरू के कुछ दिन उसने सोनू को स्तनपान कराया। उसके तीन महीने का होते ही, फिगर खराब होने के डर से, दूध पिलाना बंद कर दिया। आया के सुपुर्द कर उसे सेरेलेक्स, फेरेक्स, दाल का पानी और ज्यूस देना सिखाया, अपने रमलू के साथ ही यशोदा सोनू बाबा की मालिश कर नहलाती। उसके कपड़े धोती और नजर बचाकर स्तनपान भी करा देती। वह जानती थी, कि स्तनपान के जरिए माँ संतान को ममत्व और संवेदनशीलता का पान भी कराती है। सोनू मानसी के बजाए आया को माँ के रूप में पहचानता था। मानसी या पीयूष की गोद में रहने पर भी यशोदा को देखते ही अपने नन्हें गोरे हाथ, उसकी ओर बढ़ा देता। उसकी गोद में पहुँचते ही, एक सुरक्षा और सुकून का अनुभव करता। पीयूष के टोकने पर भी, अपने में मगन मानसी ने इस ओर ध्यान नहीं दिया। अपने रमलू की बजाए

यशोदा, मातृहीन सोनू का ज्यादा ध्यान रखती। न्यायमूर्ति शर्मा की कल्पना ने यथार्थ का आकलन कर लिया था। संजीदगी से पूछा, 'मानसीजी, सोनू के भविष्य की कौन-सी योजना आपके पास है ?' बड़े उत्साह से उसने उत्तर दिया, 'बड़ा होने पर बढ़िया होस्टल में उसे रखूँगी। पढ़ाई और रहन-सहन का सर्वोत्तम...।'

'हूँ....ऊँ....,' न्यायमूर्ति की गहरी लंबी साँस और चुभती गहन दृष्टि ने, मानसी की बोलती बंद कर दी।

— □ —

एक मुट्ठी ममता

नंदी स्वयं अनुभव कर रही है। उसे लेकर सारा घर परेशान है। बाबू और अम्मा को जिस बात का डर था, वह घटित हुई। शादी के पहले भी वह बोझ थी और अब भी है। लड़की वैसे भी बोझ ही मानी जाती है। हालात और भी खराब हो गए हैं। न तो ससुराल जा सकती है, और यहाँ रहना अच्छा नहीं लगता। पर विवश है।

वह सब कुछ भूलना चाहती है। पर क्या इतना सरल है यह ? जिन चीजों और व्यक्तियों को हम भूलना चाहते हैं, वे दोगुने वेग से बार-बार मन के द्वार खटखटाती है। एक अव्यक्त बेचैनी उसे सदा घेरे रहती है। बाबू-अम्मा इन कुछ दिनों में और अधिक बुढ़ा गए हैं। उसके विवाह के समय, संतोष-हंसी की आभा से कुछ समय के लिए आलोकित उनके मुख फिर मुरझा गए हैं। वे ऐसी भूल-भुलैया में फँस गए थे जिससे निकलना कठिन हो रहा है।

किन परेशानियों के बीच उन्होंने उसकी शादी की थी यह वे खुद और उनके भगवान जानते हैं। नंदी जानती है, देवेश ने जब उसे पंसद कर लिया तो अड़ोसी-पड़ोसी तो ठीक, घर के लोग ही चकित थे। क्या जानकर काली-कलूटी, मरियल-सी नंदी को देवेश ने पसंद कर लिया ? वे तो बहुत डर रहे थे। पहले भी कई लड़के देखने आए, पर बहाना बना कर भाग खड़े हुए। बार-बार के लड़की दिखाऊ नाटक ने नंदी को चिड़चिड़ा बना दिया। उसके साथ सारा घर निराशा के बादलों में भटकने लगा था। फिर भी लड़का ढूँढ कर नंदी को निपटाना तो था ही। जीवन भर कुँआरी बैठाए रखना तो संभव नहीं ? विवाह करना लड़की की अनिवार्य नियति जो है ?

और जब उसे विदा किया जा रहा था, तो घर के सभी लोग, ऋचा भाभी, सोमू, बाबूजी और अम्मा काफी रोए। पर उसे लगा, जैसे इस रुदन में छुटकारे का एक अहसास मिला हुआ है, जैसे सभी ने गंगा स्नान कर लिया।

उसे मालूम है, अम्मा उसे लेकर सदा से ही चिंतित रही है। रात न तो खुद सोती, न बाबूजी को सोने देती।

"कुछ करते क्यों नहीं ? इतने सारे लड़कों में से क्या एक भी नंदी के लिए ढूँढ कर ला नहीं सकते ?"

"क्या कम भाग-दौड़ कर रहा हूँ ? तुमसे तो कुछ छिपा नहीं है ? फिर देखने-सुनने में अपनी नंदी भी तो एक ही है ? जो भी आता है, देखते ही बिचक जाता है ? मैं भी क्या करूँ, कहाँ तक दौड़ू मरूँ ?" मन की विवशता को बाबूजी अधिक समय तक छिपा न सके।

उत्तर में अम्मा ने एक गहरी ठंडी सांस ली। एक ही लड़की हिमालयी बोझ बन गई है। कहीं दो चार और होतीं तो ? कंपकंपी छूट गई।

"फिर भी, कुछ तो करना ही होगा ? फिलहाल सोमू और बहू हमारी हर इच्छा पूरी कर रहे हैं ? हमारे न रहने पर....?" कल्पना मात्र ने सिहरा दिया।

"सोमू ? हमारी हर इच्छा ही पूरी नहीं कर रहा है, बल्कि समय मिलने पर जिस भी लड़के का पता मिलता है दौड़ा जाता है।"

"यही गम तो मन को खाए जा रहा है !" अम्मा ने फिर ठंडी सांस ली, "इसीलिए तो आपको बार-बार तंग करती हूँ।"

"दौड़ूँगा। चुप तो बैठूँगा नहीं ? देवेश नाम के लड़के के बारे में सुना है। बात भी चला रखी है।....देखने आएगा.....पर मन कांपता है....कहीं....नापसंद....ना ....कर दे ?" अज्ञात निर्णय ने बाबूजी को आतंकित कर दिया।

"प्रभू सब अच्छा करेंगे ?" मन तो अम्मा का भी दहल रहा था; पर हिम्मत बंधा रही थी।

और जब देवेश नंदी को देखने आया, तो हजार समझाने पर भी वो उसके सामने आने को तैयार नहीं हो रही थी।

"क्या होगा नुमाइश बनाकर अम्मा ? क्यों बार-बार मेरा अपमान कराती हो ? ये कौन-सा पसंद कर लेंगे मुझको ? मैं नहं जाऊँगी कहे देती हूँ।"

"सुन बिटिया ? इस बार। बस एक बार और ? फिर तुझे तंग नहीं करेंगे ? बड़ी अजीजी से अम्मा खुशामद करने लगी। आँखें भर आईं।

बाहर बैठक में बाबूजी बचैन हो रहे थे। बार-बार पहलू बदलते। गुजरता हर क्षण साँझ के साए-सा लंबा लग रहा था। थूक घोंटना मुश्किल हो गया। नंदी आ क्यूँ नहीं रही हो ? क्या कर रही है उसकी अम्मा ? खींच क्यों नहीं लाती ? इन औरतों का तो कुछ समझ नहीं पड़ता ? इनके लिए टाइम की मानो कोई कीमत ही नहीं ? देवेश से आँखें मिलाने की हिम्मत नहीं हो रही थी।

निश्चल, शांत बैठा देवेश पत्रिका के पन्ने पलट रहा था। साथ किसी को लाया नहीं था। न तो अपनी मम्मी को, न ही किसी मित्र को। उसके अकेले आने पर

वे चकराए भी पर बोले कुछ नहीं। खुले दिल से स्वागत ही किया था।

और अब लग रहा था इस लड़की ने समय पर बाहर न आकर सब की जान आफत में डाल दी है ?

"अरे सोमू। देख तो जरा। देर क्यों हो रही है ?....अपनी अम्मा को कह जरा जल्दी करें ?"....सोमू भीतर जाने लगा तो पुनः रोका...."न हो तू यही ठहर।...मैं ही देखता हूँ...दे....देवेशजी ...क्षमा.... करेंगे.... मैं अभी....आया....।" बड़ी दीनता से वे माफी माँगने लगे।

"आप चिंता न करें बाबूजी। समय तो लगता ही है ? फिर मुझे कोई जल्दी भी नहीं है। अरे सोमूजी। आप खड़े क्यों हैं, बैठिएना ?" बड़ी बेतकल्लुफी और बेफिक्री से सोमू का हाथ पकड़कर देवेश ने अपने पास बैठा लिया। भागना तो सोमू भी चाहता था पर लाचार था।

"हाँ बेटा। तुम देवेशजी के पास बैठो नंदी को लेकर मैं अभी आया।". रस्सा तुड़ाकर वे अंदर भागे।

भीतर सब कुछ तनावपूर्ण था। बाहर न जाने का हठ पकड़े, रोष में बैठी नंदी की, भरे गले से अम्मा खुशामद कर रही थी।

"ये क्या हो रहा है ? बाहर चलते क्यों नहीं तुम लोग ?" दमित क्रोध से बाबूजी फुसफुसाए।

अम्मा की कातर दृष्टि उन्हें निहारने लगी। एक पल में वे सब समझ गए। डाँट-फटकार परिस्थिति को और बिगाड़ देगी। क्रोध को जप्त कर मुलायम प्रार्थनामय स्वर में बोले, "नंदी। बेटे। हमारी, इस घर की लाज अब तुम्हारे हाथ है। बस। आखिरी बार चलो। विनती करता हूँ।" हाथ जोड़ते-जोड़ते उनका गला भर आया।

नंदी पराजित हो गई। चुपचाप उठी, नमकीन, मिठाई की तश्तरी ले बैठक की ओर चल दी। न चाहते हुए भी चेहरे पर अवज्ञा, दर्प का उद्यत भाव तिर आया। जल्दी से अपने को संभाल, रोनी सूरतों पर बरबस मुस्कान चिपका, बाबूजी-अम्मा साथ हो लिए।

सरसराता पर्दा जैसे ही हटा, देवेश ने दरवाजे से जिस लडकी को बाहर आते देखा वह उसे कहीं से भी सुंदर नहीं लगी। परंतु उसके दर्पपूर्ण चेहरे ने न जाने क्या प्रभाव डाला कि वह देखता ही रह गया। उसकी अवज्ञा ने उसे आकर्षित ही किया। पास में आकर बैठी नंदी से कुछ भी पूछने का उसे साहस न हुआ। बस। बीच में कभी टुकुर-टुकुर देख लेता।

"तुम कुछ खा क्यों नहीं रहे बेटे ? कुछ मिठाई तो और लो ? अरे सोमू। देवेशजी को रसगुल्ला तो दे।" अम्मा ने मनुहार की।

नंदी को मिठाई परोसने का कहने की हिम्मत नहीं हुई।

नंदी शून्य में निहार रही थी।

"जी नहीं। मैं सब कुछ ले चुका हूँ अम्माजी। वैसे भी मैं मीठा कम ही खाता हूँ।"

अबोला पसर गया। उसने कमरे की हवा को बोझिल बना दिया। अम्मा-बाबूजी मन ही मन ईश्वर से मना रहे थे कि सब कुछ शांति से निपट जाए। थोड़ी देर बाद सोमू चाय और फलों की ट्रे ले आया। सभी सांस रोककर बैठे रहे। देवेश क्या पूछेंगे और नंदी क्या उत्तर दे बैठेगी ? पर कहीं कुछ नहीं हुआ। बिना कुछ पूछे चाय पीकर जब देवेश ने जाने की अनुमति माँगी तो सभी ने छुटकारे की सांस ली। पर मन बुझ गए। वे समझ गए नंदी, देवेश को पसंद नहीं आई।

नंदी के संयम का बाँध टूट गया, "बस। मिल गई आप लागों की आत्मा को शांति ? यह जानते हुए भी कि ब्याह की मंडी में काली बदसूरत लड़कियों का कोई मोल, भविष्य नहीं है ? फिर भी आप लोगों से अपमानित हुए बिना नहीं रहा जाता ?" आंसुओं को छिपाने के लिए वह भीतर भाग गई। घर भर में मुर्दनी छा गई। श्मशानसा सन्नाटा पसर गया। सभी एक दूसरे से, विशेष कर अम्मा-बाबूजी, नंदी से मुँह चुराने लगे।

तभी दुख-भरी बदली छंट गई। खुशी का सतरंगी इंद्रधनुष सहसा उग आया। देवेश ने न केवल लड़की पंसद आने की सूचना दी, शादी की सारी बातें भी बिना झंझट के तय कर लीं। एक अघट घट गया था। अम्मा-बाबूजी, सोमू-ऋचा भाभी सभी प्रसन्न हो गए। विंध्याचल-सा बोझ मन पर से उतर गया था। नंदी नए जीवन के सुखद, परंतु भयभीत करने वाले सपनों में खो गई।

विवाह का पहला साल न जाने कब-कैसे गुजर गया नंदी को पता ही नहीं चला। और जब एक बच्चे की वह माँ बन गई तो लगा जिंदगी को अर्थ मिल गया। परंतु खुशी का सैलाब बरसाती नदी के समान शीघ्र ही बह गया। रह गया कीचड़, केंचुए और गंदगी। वह इतना बदबू मारने लगा कि सहना कठिन हो गया।

भावनात्मक दुर्बलता के क्षणों में जो मूर्खता देवेश कर बैठा था, अब वह सालने लगी। नंदी के प्रति उसने एक उदासीन तटस्थता अपनाली। मम्मी तो पहले ही उससे खुश नहीं थी। देवेश के सहारे ही वह सभी का सामना करने की हिम्मत जुटा रही थी। परंतु जब वही सहारा लड़खड़ाने लगा, तो मन ही मन वह टूटने-सी लगी।

उस दिन देवेश को अपनी मम्मी से बतियाते चुपके से सुन लिया "मैं तो बुरा फँस गया मम्मी। मुझे अंदाज नहीं था कि नंदी इतनी गई बीती निकलेगी।"

"मैंने तो तुझे उसी समय चेताया था कि वह देखने-सुनने में कहीं से भी अच्छी नहीं है। तेरे लायक तो बिलकुल भी नहीं। मोहल्लेवालियों ने भी पीठ पीछे हँसी उड़ाई। पर तू ही नहीं माना ? अब तू ही जान क्या करना है ?" मम्मी ने पल्ला झाड़ लिया।

"ठीक है। कुछ न कुछ तो करना ही पड़ेगा। जितना भी उसे ऊपर-नीचे, चारों

तरफ से देखता हूँ, कहीं से भी तो सुंदर नहीं लगती ? अब तो दोस्त भी मजाक उड़ाने लगे हैं। कहीं साथ ले जाने की हिम्मत नहीं होती। लोग खुले आम बातें करते हैं ? देवेश पछतावे की आग में जल रहा था।

उसका तन-मन पीपल के पत्ते-सा काँपने लगा। पर बोलने-विरोध करने का साहस न जुटा सकी। वह समझ गई कि देवेश को अब अपने चयन पर पछतावा हो रहा है। उड़ते-उड़ते उसे यह भी सुनने को मिला कि इन दिनों वह अपनी सहकर्मिणी रूपा के साथ अधिक समय बिताता है। घर से रात-बे-रात गायब रहने लगा। अपनी मम्मी से उसे शह मिल रही थी। उन्होंने उसके बेटे को उससे छीन लिया। मम्मीजी उसे हमेशा अपने पास रखने लगी। कभी-कभार दूध पिलाने देने की कृपा कर देती। अपने ही बेटे की वह धाय बन गई। पर अकसर ऊपर का ही दूध पिलाती। अपने बेटे को माँगने की हिम्मत भी वह खो बैठी।

एकदिन सूटकेस समेत नंदी ने अपने को सोमू के घर के दरवाजे पर पाया। बच्चे को मम्मी ने रख लिया या छीन लिया था। बेटी को एक बार फिर घर में पाकर सभी त्रस्त हो उठे।

सूखे मुँह बाबूजी ने डरते-डरते पूछा, "ये ....यह ....स...ब...कैसे....क्यूँ....?"

"यही तो होना था बाबूजी। बदसूरत से बदसूरत पुरुष भी अपने लिए सुन्दरी की कामना ही नहीं करता, उसे पाने की कोशिश भी करता है। आप लोगों ने यह अधिकार हम औरतों को कहाँ दे रखा है। हम से तो बदसूरत से बदसूरत आदमी के साथ सारी जिंदगी बिताने की अपेक्षा की जाती है। यही हमारी नियति है। पुरुष वह तो हमारा भाग्य विधाता, देवता जो है ?" कड़वाहट के विष को नंदी अधिक समय तक पचा न सकी, उगल दिया।

नंदी फिर घर में थी, सूनी गोद के साथ। इससे तो वह कुँआरी ही ठीक थी। कम से कम लड़का ढूँढने की झूठी आशा का सहारा तो था। आशा की एक झूठी किरण ने उसके सपनों को आलोकित कर रखा था। पर अब। यह परित्यक्ता न इधर की थी न उधर की ? देवेश और उसकी मम्मी की मिन्नत करने, समझाने में असफल बाबूजी-अम्मा के चेहरे की झुर्रियाँ और अधिक बढ़ गईं।

खालीपन की अनुभूति नंदी को बुरी तरह से सालने लगी। एक अव्यक्त बेचैनी उसे घेरे रहती। स्तनों में एक दर्द होता रहता। दूध का सागर हिलौरे मारता। छाती से निकलकर रंध-रंध में फैलने वाली असह्य वेदना की लहरें उसे बेचैन किए रहतीं। उसे लगता उसका बच्चा कहीं बीमार न पड़ गया हो ? अपने, बेटे को लेकर वह एक दुश्चिंता और अंतरदाह से पीड़ित रहने लगी। अब उसकी समझ में आया कि मम्मी उसके बेटे को क्यों ऊपर का दूध पिलाती थी। योजनापूर्वक एक षड्यंत्र के तहत यह सभी कुछ चल रहा था। इच्छा होती दौड़कर उस घर पहुँच जाए और अपनी सास से अपने बेटे को छीन ले। पर क्या यह संभव था ?

"क्या हालत कर दी है मेरी बिटिया की मुओं ने ? उसके बच्चे को भी छीन लिया। औरत होकर भी ऐसा गंदा सलूक किया देवेश की मम्मी ने मेरी नंदी के साथ ? एक नारी होने के नाते उन्हें तो अपने बेटे को समझाना था ?" माँ बनने के बाद अब नंदी अपनी अम्मा की दुश्चिंता और विकलता को अधिक अच्छी तरह से समझ रही थी।

"न हो तो आप बच्चे के लिए मुकदमा दायर कर दीजिए उन पर।" अम्मा बाबूजी को उकसाने लगी।

"क्या होगा मुकदमेबाजी में ? फिर घर का खर्च ही मुश्किल से चल रहा है ? सोमू पर ही हम बोझ बने बैठे हैं। ऊपर से वकील, कोर्ट-कचहरी का खर्च ? न बाबा न ? सुन भागवान। वो बच्चा ही उन्हें मजबूर करेगा नंदी को बुलवाने के लिए। कब तक छोटे बच्चे को माँ से अलग रख सकेंगे ? बीमारी-सीमारी, दूध पिलाने के लिए.....कभी न कभी तो झुकना ही पड़ेगा ? यदि मुकदमेबाजी के चक्कर में पड़ गए तो समझौते के दरवाजे सदा के लिए बंद हो जाएँगे ? ....और.....सुन...." बाबूजी, अम्मा के पास सरक आए, "बच्चे को वहीं रहने दे। यहाँ लाकर और खर्च बढ़ाकर क्या करेगी ? वैसे ही शादी के बाद भी नंदी यहीं लौट आई, सो अलग। नंदी फिर भी गले का फंदा बनी है। और यह फंदा डाल कर क्या करेगी ?"

अम्मा चुप कर गई। बात वहीं की वहीं दब गई। वे इस झूठी आशा से अपने को भरमाने लगे़ की कभी न कभी तो नंदी को ले जाएँगे ? सब कोई अपने-अपने में व्यस्त हो गया। नंदी के प्रति एक तटस्थ रुख अपना लिया। उसकी व्याकुलता की किसी को चिंता नहीं रही। उसकी हर रात करवटें बदलते बीतती।

एक रात वह बिस्तरे पर उठ बैठी। जैसे आहट ले रही हो। फिर बाहर चल दी। अम्मा ने टोका, "अरी। इतनी रात गए कहाँ जा रही है ?"

"कुछ नहीं अम्मा। जरा उस घर तक जाकर मुन्ने को देख आऊँ ? लगता है कहीं भूख से रो न रहा हो ?"

"देख नंदी, बेटी वह रोता भी होगा तो वे लोग तुझे घर में घुसने नहीं देंगे। काहे वहाँ जाकर अपना अपमान कराना चाहती है ? न बेटी। कहीं नहीं जाते। चुपचाप सो जा। रात का एक बज रहा है।"

मन मार कर नंदी बिस्तरे पर लेट गई। पर मन तड़फने लगा। उसे भासित होता जैसे मुन्ना जोर-जोर से रो रहा है। तकिए में सिर गड़ाकर निःशब्द रोने लगी।

ऋचा भाभी ने नंदी में एक परिवर्तन का अनुभव किया। आज कल वह नन्ही बंटी के आस-पास मँडराया करती। उसे छाती से लगा, लिए-लिए घूमा करती। बंटी की आँखों, बालों को चूम-चूमकर लाल कर देती। उसकी नाक से नाक रगड़ कर खूब प्यार करती, "मेरी नन्ही गुड़िया" तुतलाती, "मेली लाडो, लानी बिटिया... ।" और जब वो बंटी को दूध पिला रही होती तो नंदी की निगाहों से लालसा की लपटें

निकलती-सी लगतीं। ललचाई दृष्टि से टकटक निहारा करती। सहसा नंदी को लगता उसकी ब्रा ही नहीं ब्लाउज भी गीले हो गए हैं। जल्दी से वह अपने कमरे में भाग जाती, कपड़े बदलने के लिए।

उस दिन दूध पिलाने के बाद भी बंटी रोए जा रही थी। पुचकारने, थपथपा कर गोद में सुलाने और कंधे पर झुलाने के बाद भी ऋचा भाभी उसे चुप कराने में असफल रही।

''अरी बहू। बंटी को दूध क्यों नहीं पिलाती ? शायद भूखी है ?''

''अम्माजी। आजकल दूध कम आ रहा है। मैं भी क्या करूँ। उसका पेट जो नहीं भरता। उपर का दूध हजम नहीं होता।''

''लाओ भाभी। बंटी को मुझे दे दो। बहलाकर मैं अभी चुप किए देती हूँ।''

ऋचा उत्तर दे इससे पहले ही झपटकर नंदी ने बंटी को गोद में से उठा लिया और तेजी से अपने कमरे में ले गई। सावधानी से दरवाजा बंद कर, पलंग पर बैठ जल्दी से ब्लाउज खोल डाला, ब्रा को सरका दिया, ज्यों ही चिड़िया-सा छोटा मुँह खोल बंटी के लाल-लाल कोमल ओंठों ने स्तन का स्पर्श किया, अमृत की धार बह निकली। आँखें मुंद गईं, बेचैनी, कसमसाहट, दर्द, व्यथा, सभी कुछ धीरे-धीरे शांत हो गए। आत्मा तृप्ति से भर गई।

पेट भर जाने पर बंटी चुपचाप सो गई।

उस दिन से नंदी की जिंदगी में ठहराव आ गया। सतत् घेरे रहने वाली विकलता समाप्त हो गई। समय मिलते ही अब वह बंटी को दूध पिला दिया करती चोरी-चुपके। नन्ही बंटी भी अपनी माँ की बजाय बुआ से ज्यादा घुल-मिल गई। बुआ को देखते ही नन्हे-नन्हे गोरे, लाल हाथ बढ़ा कर उसकी गोद में जाने के लिए मचला करती। न ही अपनी मां को अब दूध पिलाने के लिए तंग करती है। कहीं न कहीं कुछ गड़बड़ जरूर है। ऋचा सावधानीपूर्वक नंदी पर निगाहें रखने लगी। और एक दिन जब उसने नंदी को, बंटी को अपने कमरे में ले जाते देखा तो चुपके से जा पहुँची। बंद दरवाजे के सामने खड़े रहकर उसने पहले आहट ली। कहीं कोई हलचल न थी। वह कुछ समझी नहीं। उत्सुकतावश ढकेलने पर दरवाजा खुल गया।

पलंग पर नंदी थोड़ा तिरछे बैठी थी। गोद में लेटी बंटी दूध पी रही थी। सुखानुभूति से मुंदी आँखों वाला नंदी का मुख वात्सल्य की आभा से दमक रहा था। सहसा ऋचा को लगा कहीं दूध पिला-पिला कर नंदी उसकी बेटी को उससे छीन न ले, वह आक्रोश से भर गई।

''नंदी दी। ये क्या चल रहा है।''

भाभी के नाराजी भरे स्वर ने उसे चौंका दिया। वह भय से आतंकित हो उठी। चेहरा पीला पड़ गया, थर-थर कांपने लगी। वह स्वर्गीय आभा तिरोहित हो गई। चेहरा आतंक से काला पड़ गया। मानो चोरी करते हुए रंगे हाथों पकड़ ली गई

हो। कातरता मुख पर तिर आई। स्तनों में दूध का आना बंद हो गया। वे सूख गए। अब भूखी बंटी रोने लगी।

नंदी की दयनीय, मर्मछेदित दृष्टि ने ऋचा की आत्मा को मथ डाला। एक दुनिर्वार विकलता का उसने अनुभव किया। लगा उससे बहुत बड़ा अपराध हो गया है। पछतावे के आँसू बह निकले। नंदी की आँखें भी बरसने लगीं। उसने बंटी को पुनः छाती से चिपका लिया। अमृत झरना बहने लगा।

— □ —

ठहरी हुई जिंदगी

चालीस साल बाद अपने शहर लौटा हूँ। इस बीच आबना में ढेर सारा पानी न केवल बह चुका है उसकी चौड़ाई में भी परिवर्तन हुआ है। बरसाती दिनों को छोड़ अब वह डबरों में बिखर जाती है। पाट ऊबड़-खाबड़, छोटे बड़े पत्थरों का रेतीला रह गया है। शहर की सीमाओं और जनसंख्या में अभूतपूर्व बढ़ोत्री हुई है। पैंतीस पचास हजार का कस्बाई शहर दो लाख की आबादी को छू रहा है। नगर पालिका, नगर निगम में बदल गई है। शहर का फैलाव चारों ओर है। नई-नई कालोनियाँ बस गई हैं। उत्सुकता के साथ गर्व का अनुभव भी होता है। मेरे शहर की भी तरक्की हो रही है। वह अपने अस्तित्व को मनवा रहा है।

बाजार भी नई जगहों पर कब्जा जमाने लगा है। पहले बाजार बाजार में था। सिर्फ दो बाजार थे, बुधवारा और बंबई बाजार। लोग खरीददारी और घूमने बाजार जाते थे। लेकिन अब। बाजार गली-मुहल्लों और नई कालोनियों में पहुँच गया है। कुँआ खुद प्यासों के पास जा पहुँचा है। चतुर व्यापारी जहाँ भी मौके की जगह देखते हैं जरूरत की मुताबित दुकान खोल देते हैं। पगड़ी और मकान खाली करने की एवज में रकम माँगने का रिवाज भी चल पड़ा है।

नहीं बदली है तो पुराने शहर की फिजा और माहोल। मेरा पैतृक घर जिस गली में है दूकानें वहाँ भी खुल गई हैं। किराने, टी.वी., रेडियो रिपेयरिंग, बिजली के सामान की दुकानें। किंतु वह और आस पास के मुहल्ले अभी भी सोए लगते है। सन्नाटा पसरा रहता है। लगता है वक्त ठहर गया है। सिर्फ इतना बदलाव भर आया है कि गोबर-गारे और कवेलू-टीन की जगह सीमेंट क्रांकीट ने ले ली है। कुछ घरों में फोन भी आ गए हैं। और एस.टी.डी., पी.सी.ओ. हर गली-मुहल्ले में खुल गए हैं। नई पीढ़ी अपनी उपस्थिति दर्ज करा रही है। पुरानों में से कई रहे नहीं। मेरे समान, मेरी पीढ़ी के कई नवयुवक इन्दौर जैसे महानगर में अपनी तकदीर आजमाने चले गए। उनमें से कुछ, अंगुलियों पर गिने जाने योग्य, सेवा निवृत्ति के बाद, जड़ों

से जुड़ने लौट आए हैं। अपनी समृद्धि के प्रदर्शन हेतु पुरखों के मकानों को नया रूप दे दिया है।

अपनी जन्मभूमि के शहर के अहसास को अपने अंदर उतारने के लिए पैदल घूमने निकल पड़ा। सबसे पहले मालीकुआ गया। दो कुए अगल बगल बने हैं। वे गोल के बजाए चौकोर हैं तथा एक खिड़की से जुड़े हैं। एक साथ दो चौकोर कुए मैंने कहीं नहीं देखे। कुओं में अखूट झीर है। पिताजी कहा करते थे छप्पन के काल में सारे शहर को इन्होंने पानी पुराया है। चौबीसों घंटे चलते थे पर पानी था कि खत्म होने का नाम ही नहीं लेता था। लेकिन थे हत्यारे। दो चार साल में एकाध बलि ले लेते थे। दिन भर नहाने, कपड़े धोने, पानी लेने वालों, नगर निगम के टेंकरों की भीड़ लगी रहती थी। थोड़ी देर ताकता रहा। कुए के एक ओर हिंगलाज माता का और दूसरी ओर सड़क पार दत्त मंदिर है। दोनों के दर्शन किए। आस पास काफी दूकानें-होटल खुल गए हैं।

वहाँ से बड़ाबम आया। नाग पंचमी पर यहाँ मेला लगता था। पूछने पर पता चला अब भी लगता है। हनुमान मंदिर के पास अवध भैय्या का अखाड़ा है। जहाँ मैंने भी जोड़ लड़ी है। खास कर नाग पंचमी पर जीतने वालों को तो लच्छू भाई नारियल देते ही थे। हारने वालों को भी मिलता था। अवध भैय्या दूध पिलाते थे। अखाड़े को दुकानों ने पीछे ढकेल दिया है। इस कारण अखाड़े की शान फीकी पड़ गई है। वैसे भी ऐरोबिक्स और जागिंग के जमाने में पहलवानी गँवारों-पिछड़ों का खेल माना जाता है। वहाँ से फुर्सतगंज, कुम्हारबेड़ा होते हरिगंज की ओर मुड़ा। मकानों-दुकानों को निहारता, चेहरों को पहचानने की कोशिश करता अपनी धुन में चला जा रहा था, कि अचानक वो सामने आ खड़ी हुई। मैं ठिठका।

"क्यों रे तू मुन्ना है ना ?"

बचपन के जिस नाम को वर्षों पहले भूल चुका था उसे पुकारने वाला निश्चय ही कोई निकटतम परिचित है। बहु-संख्य पके बालों ने कालों को ढंक लिया था। माँग भर सिंदूर, मंगलसूत्र, बड़ी-बड़ी बादामी आँखों के नीचे स्याह घेरे, कभी बेहद खूबसूरत रहे चेहरे पर उभरती झुर्रियाँ, कसी दुबली पतली काया। दिमाग पर बहुत जोर देने के बाद भी पहचान को याद नहीं कर पाया।

"अ....आ.....प.....?" हकलाया।

"क्यों रे। नहीं पहचाना न ? पहचानेगा भी कैसे ? कित्ते सालों बाद देख जो रहा है ? पर तेरे में कोई खास बदलाव नहीं आया है ? इसीलिए पहचान गई। हाँ। गाल-देह भर गई है। सोच कर बता मैं कौन हूँ ?" उत्सुकता उनकी बड़ी आँखों में से झाँक रही थी।

दिमाग पर जोर देने के बाद भी असफल रहा। मेरी हैरानी-परेशानी को वो ताड़ गई, "अरे मैं हूँ मैं....तेरी तारा जीजी.....प्रेमसिंग मास्टर साब की बेटी ? जिनके

घर तू पढ़ने आता था।''

मैं आसमान से गिर पड़ा, ''जी....जी....आप ? ओह। आप। माफ करना।'' पाँव पड़ने के लिए जल्दी से झुका।

''ठीक है....ठीक है....,'' दोनों कंधे पकड़ बीच में ही रोक लिया, ''अभी तो तू रहेगा ना ?''

''हाँ।''

''चाय-नाश्ते के लिए घर आना ?''

''जरूर। कहाँ रहती है ?''

''वहीं। अपने पुराने घर में ? शिक्षिका हूँ।''

''और जीजाजी ?''

प्रसन्नता से चमकता चेहरा मुरझा गया। एक पल चुप रही, ''वो सब घर आने पर बताऊँगी। अच्छा चलती हूँ।'' कदम बढ़ाने के पहले बोली, ''आना जरूर। कितने बजे आएगा ?''

समझ गया बात टाल रही है, ''यही कोई चारेक बजे ?''

''तब तक मैं भी स्कूल से लौट आऊंगी। अच्छा।''

तेज कदम जाती तारा जीजी की चौड़ी पीठ देखता रह गया। बढ़ती उम्र और वक्त, खूबसूरत जिस्म के साथ जो खिलवाड़ और बदसलूकी करता है। तारा जीजी उसका उदाहरण थी।

तारा अपने मुहल्ले की ही नहीं शहर की गिनीचुनी बेहद खूबसूरत लड़कियों में से एक थी। उनके पिताजी प्रेमसिंह ठाकुर प्राइमरी शिक्षक थे। और मैं दूसरी हिन्दी का उनका छात्र। मोटे ताजे, खादी का कुर्ता-पायजामा, टोपी और चप्पल। ठाकुर साब गाँधी भक्त ही नहीं स्वाधीनता आन्दोलन से भी जुड़े थे। चूँकि शहर के सभी प्राइमरी और मिडिल स्कूल नगर पालिका के थे सो शिक्षकों को कांग्रेसी आन्दोलन में भाग लेने की छूट थी। तारा और माया दो बेटियाँ थीं उनकी। माया की बजाय तारा असाधारण रूप से सुंदर थी। उनके घर के आस पास ठिल्वों का मंडराना स्वाभाविक था। ठाकुर साहब अपनी बेटी पर गर्व तो करते थे मगर जानते थे, जिस आँगन में इमली होगी ढेले तो आएंगे ही। अतः सजग और सतर्क थे। उनके रोबीले व्यक्तित्व से तारा प्रेमी खौफ खाते थे। उन्हें आस पास देख फूट लेते। बच्चों को भी अनुशासन के शिकंजे में कस रखा था। मजाल की बेटियाँ फालतू दरवाजे पर खड़ी हों सहेलियों से ही....ही.....या...खीं.....खीं....कर लें। छात्र भी उनसे काँपते थे।

गणित मेरी सबसे बड़ी कमजोरी था। जब दूसरी में गणित में फेल हो गया तो पिताजी ने प्रेमसिंह मास्साहब के यहाँ टयूशन पढ़ने जाने की व्यवस्था कर दी। गणित के वो विशेषज्ञ थे। एक तो स्कूल में ही उन्हें झेलना दुश्वार था, फिर घर पढ़ने जाना एक सजा बन गई। बस्ता और हाफ पेंट संभालते डरते-डरते दरवाजा

खोल अंदर गया।

चड्डी-बनियान में आँगन में बिछे तख्त पर बैठे मास्साब पान-पत्ती तैयार कर रहे थे। मुझे देखते ही गुर्राए, "क्यों रे। गणित में नानी मरती है ?"

क्या जवाब देता। सिर झुकाए चुपचाप खड़ा रहा।

"कितने मिले थे गणित में ?"

जानता था जवाब नहीं देने पर डाँट पड़ेगी, "जी दस में से दो।"

"दस में से दो ? शरम लज्जा कुछ है के नहीं ? आठ-नौ साल का भूत। अच्छे भले घर का लड़का और दस में से दो ? दूसरी में कितने साल रहने का इरादा है ?"

चुप।

"आ बैठ। तारा....," उन्होंने आवाज दी।

अंदर जाने वाले दरवाजे के पर्दे के पीछे ही शायद वो खड़ी थी। झट से बाहर आई।

"ला मेरा कुर्ता-पायजामा-टोपी, स्कूल इंस्पेकटर से मिल कर आया। तब तक तू इसे तीस तक के पहाड़े, अद्धा, पौन के पहाड़े भी लिखा-सिखा। समय बचे तो पहली वर्णमाला के चार एक सवाल भी करा देना।"

कपड़े माया ले आई। उन्हें पहन चल दिए। चर्र....र....चूँ....के साथ आँगन और सड़क के बीच का दरवाजा बंद हो गया। फिर भी सिर नीचा किए खड़ा रहा। तभी एक कोमल रेशमी हथेली ने बाहें पकड़ीं।

"क्या नाम है रे तेरा ?" स्वर घुँघरुओं की मीठी रुनझुन से भी ज्यादा कर्णप्रिय था।

"जी मुन्ना।"

"ये तो घर का नाम है। मैं भी तुझे मुन्ना ही पुकारूँगी।"

"जी।"

"अब यहीं खड़ा रहेगा कि पढ़ेगा भी ?"

आश्वस्त करने वाले स्पर्श ने डर को भगा दिया, सिर उठा कहा, "जी पढ़ूँगा।"

बड़े-बड़े बादामी नयन और पतले लाल ओंठ ही नहीं मुस्कराता खूबसूरत चेहरा बेहद आकर्षक लग रहा था। वक्ष पर झूलती दो चोटियाँ। कस कर बाँधी साड़ी में खिलती देह से झरती खुशबू और सुंदरता ने मुझे बाँध लिया।

"मैं हूँ तेरी तारा जीजी। और ये माया जीजी। समझा।" हँसते-हँसते तख्त पर ले गई। और पढ़ाई शुरू हो गई।

समय बीतने के साथ हिम्मत खुलती चली गई। अकसर तारा ही पढ़ाती। बीच-बीच में माया भी। मास्साब को तो फुर्सत थी नहीं। आए दिन स्कूल के काम से नगर पालिका, कांग्रेस दफ्तर और स्कूल इंस्पेक्टर का आफिस तो था ही। बीच-बीच में पूछ जरूर लेते, "पढ़ाई कैसी चल रही है ? पहाड़े याद कर लिए ?"

डरते सहमते उत्तर देता, "जी अच्छी चल रही है। तीस तक पहाड़े, आधा पौन ही नहीं डेढ़ और अढ़ाइया के भी आते हैं।"

"ट्यूशन फी की पिताजी को याद दिला देना ?"

"जी।"

पढ़ाई के साथ मस्ती भी होने लगी। तारा जीजी की पीठ पर लदना, गले में झूल जाना, रूठना, मनाना भी चलता। वे भी मुझे गुदगुदाती, डराती, "फिर फेल होना है क्या ? मस्ती अब बिलकुल नहीं ? ये सवाल करके बताओ ? नहीं तो बाबूजी से शिकायत कर दूँगी कि पढ़ाई में तुम्हारा जी नहीं लगता ?"

गुस्से और डर के मारे रूठ कर पढ़ने बैठ जाता। जब बड़ी देर न तो उनसे बोलता न ही उनकी ओर देखता तो गुदगुदाते हुए छेड़ती, "क्यों रे नाराज हो गया अपनी जीजी से ?"

"मत तंग करिए ? सवाल छुड़ाने दीजिए ?"

"अच्छा बाबा। मैं शिकायत नहीं करूँगी ? अब तो खुश ?" फिर भीतर से कटोरी में जुवार की नमकीन धानी ला सामने रख कहती, "ले खा ले। बड़ी देर से पढ़ रहा है।" अपनी गोद में बिठा, अपने हाथ से खिलाने लगती। गुस्सा न जाने कहाँ हवा हो जाता।

अपनी धुन में बस्ता, हाफ पेंट संभालते ट्यूशन पढ़ने जा रहा था। जगन दादा ने रास्ता रोक लिया। वो मास्टर साहब के घर के आस पास मंडराया करता था।

"क्यों रे किससे पढ़ता है ?"

"कभी गुरुजी पढ़ाते हैं, कभी माया दीदी ? पर ज्यादातर तारा जीजी ही पढ़ाती है।"

"तुझे अच्छी लगती हैं ?"

"हाँ, भौत। मुझे प्यार जो करती हैं। पढ़ाने के साथ खिलाती-पिलाती भी हैं।"

"तू भी उन्हें प्यार करता है ?"

"हाँ।"

"तब तू उनकी पप्पी ले सकता है ?"

"ले सकता हूँ ?"

"तू नहीं ले सकता ?"

"ले सकता हूँ ?" मैं दृढ़ था।

"तो फिर इनाम में कचोरी खा। पप्पी लेकर आने के बाद एक कचोरी और दूँगा।"

कचोरी खा हाफ पेंट से हाथ पोंछ मास्टर साहब के घर जा पहुँचा। तख्त पर बैठी तारा स्वेटर बुन रही थी। पीठ दरवाजे की ओर थी।

"आ गया तू ?"

"हाँ जीजी।"

तख्त पर चढ़, बस्ता रख गले में हाथ डाल झूल गया।

"आते ही मस्ती ? चल पढ़ने बैठ ?" मेरी गर्दन में हाथ डाल आगे की ओर ज्यों ही खींचा, मैंने चट से चूम लिया। तेजी से खींच कर सामने खड़ा कर लिया।

पहले तो शर्म से सुर्ख हो गई, "बदमाश कहीं का ? ये क्या करता है ?", हैरानी और गुस्से में बड़ी-बड़ी आँखें और बड़ी हो गईं "किसने सिखाया तुझे ?"

सच ही में डर गया। लगा कोई तो भी बहुत बड़ा अपराध कर डाला है। रूँआसा चुपचाप खड़ा रहा।

"अब चुप क्यों हैं ? जवाब क्यों नहीं देता ? किसने ये सब सिखाया ?"

"जगन दादा ने ? इनाम में एक और कचोरी जो देंगे ?"

स्तब्ध देखती रही, "बित्ते भर का लड़का। बदमाश गुण्डों की सोहबत करता है ? ठहर। आज जरूर बाबूजी से शिकायत करूँगी। तेरे पिताजी को कह कर पिटवाऊँगी ?"

बुरी तरह से घबरा गया। रोते-रोते उनके पैरों में गिर पड़ा, "अब नहीं करूंगा ऐसा जीजी ? मुझे माफ कर दो।"

खींच कर गोद में ले लिया। मेरे आँसुओं को चूम पीठ सहलाते सांत्वना दी, "उससे बात भी मत करना ? वर्ना इतना पीटूँगी....इतना पीटूँगी कि ठीक हो जाएगा ? वो तो पूरा गुण्डा है गुण्डा।"

अंदर से पानी ला आँखें पोंछ पानी पिलाया। इसके बाद पढ़ाई क्या होनी थी।

बात आई गई हो गई। पढ़ाई अच्छी चल रही थी। एक दिन और मूर्खता कर बैठा। जगन दादा फिर मिल गए।

"खायगा ?" चाकलेट-गोलियाँ दिखाईं।

"हाँ ?" आँखों में लालच उतर आया।

"तू अपनी तारा जीजी को खूब प्यार करता है ना ?" गोली-चाकलेट देते पूछा।

"हाँ।" जल्दी से चाकलेट मुँह और गोलियाँ जेब के हवाले कीं।

"तो फिर सीने पर हाथ रख अपना प्यार इस तरह जताना, "तारा....तारा ....प्यारी तारा.. तेरी नजर ने मुझको मारा...।"

इसमें मुझे कुछ भी गलत नहीं लगा। "हाँ। गाकर सुना दूँगा।" खुशी-खुशी उछलता-कूदता चल दिया।

साकल खटखटाई। दरवाजा तारा जीजी ने ही खोला। रोज तीन बजे पढ़ने जाता था। सो वो तैयार मिलती थी। उनकी माँ, उस वक्त अंदर आराम करती थी। और गुरुजी कभी ही मिलते ? वे अकसर नगर पालिका होते।

अंदर आ, बस्ता एक ओर पटक सीने पर हाथ रख, वीरों की तरह गाने लगा,

"तारा....तारा.....प्यारी तारा....तेरी.....नजर....ने....मुझको....मारा", जैसे बहुत बड़ी बहादुरी का काम कर रहा था।

हैरान परेशान कुछ पल अपलक ताकती रही। तत्काल समझ गई कि इसके पीछे कौन है ? फिर क्रोध से भर उठी। तड़ाक से चांटा रसीद किया, "क्यों रे शैतान ? तू फिर गया था उस गुण्डे जग्गू के पास ? कचोरी की लालच में ?"

पहले सहमा। फिर डर गया। लगा जरूर कोई भयंकर गलती कर बैठा हूँ। तत्काल उनके पाँव पकड़ रोने लगा। उनका गुस्सा हवा हो गया। फौरन गोद में उठा लिया। मीठी मुस्कान के साथ आँसू पोंछे, "इस बार भी कचोरी मिली क्या ?"

इंकार में सिर हिलाया, "कचोरी नहीं गोली-चाकलेट।" जेब से गोलियाँ निकाल हथेली सामने कर दी।

सारी गोलियाँ उन्होंने नाली में फेंक दी, "खबरदार अब जो कचोरी, चाकलेट उससे ली। कित्ती गंदी-गंदी बाते सिखाता है वो तुझ को ? बोल। अब तो नहीं कुछ लेगा ना ? तू तो बहुत अच्छा लड़का है ? राजा बेटा है ?"

हाँ में मैंने मुंडी हिलाई। गोद में उठा तख्त पर ले जाकर बैठाया। फिर अंदर से रेवड़ियाँ लाई, "ले खा ले।" मैं खाने लगा। उसने बस्ते से किताब-पट्टी निकाले।

शहर के गली-मुहल्ले में भटक, रिश्तेदार-मित्रों से मिल घर लौटा। शकुन मामी बाट जोह रही थी। झुक कर मैंने प्रणाम किया।

"कितने दिनों के लिए आया है तू ?" तुझे भोजन के लिए आना है ?"

"जरूर आऊँगा मामी। तुम्हारे हाथ का भोजन खाए बिना जाऊँगा नहीं ? अभी तो हूँ महीना पंद्रह दिन ? मामी जी। आज तारा जीजी मिल गई थी। बड़ी खुश हुई मुझे देख कर। घर बुलाया है। जीजाजी का पूछा तो टाल गई ?"

"ता....रा....। टालेगी नहीं तो क्या करेगी बेचारी ? इत्ती खूबसूरत लड़की ? जिंदगी बरबाद कर दी घर वालों ने ? प्रेमसिंग मास्साब के पीछे पड़-पड़ कर मुँह से माँग कर लड़की ली फिर ऐसा सलूक किया कि क्या बताऊँ ?"

"क्या मारते पीटते थे ?"

"नहीं। प्यार तो खूब करता था, मगर जब बच्चे नहीं हुए तो अपमानित करने लगा। बात-बात, पर ताने देता, खूबसूरती के चक्कर में एक बाँझ को सिर पे बिठा लिया।" अपने को दोषी मान बेचारी अंदर ही अंदर घुटती रही। फिर एक दिन यह कह कर घर से निकाल दिया, "तेरी खूबसूरती को क्या चाटूँ ? इस घर-बार, जायदाद को संभालने वाला बेटा यदि तू नहीं दे सकती, तो इस घर में तेरा क्या काम ?" दस साल की शादी के बाद निकाल दिया। तब से मायके में है। जान पहचान के बल पर मास्टर साहब ने प्रायमरी की मास्टरनी बना दिया। "बेचारी तारा ? बेचारी लाइट !"

मैं स्तब्ध रह गया। जी अनमना और उदास हो गया।

"तो मैं चलती हूँ। खाए बिना जाना मत ?"

"जी अच्छा ?" मामीजी तो चली गईं। लेकिन तारा जीजी मेरे जेहन पर छाई रही। किसी काम में मन नहीं लग रहा था।

चार बजे जब जीजी के यहाँ पहुँचा तख्त पर बैठी सब्जी सुधार रही थी। मुझे देख प्रसन्नता से खिल उठी।

"चल तू आया तो सही ? सुना तू बहुत बड़ा आदमी बन गया है ? क्या पता गरीब जीजी के यहाँ आए या नहीं ?"

"ऐसा कैसे हो सकता है जीजी ? आपके आदेश को टालने की हिम्मत मुझ में कहाँ ?"

"अब तो गणित से डर नहीं लगता ?" मुस्कराई।

"बिलकुल नहीं ? आपने जो नींव रखी उसी के बल पर तो विदेश में उसे ही पढ़ाने जा सका ? अभी आपको आधा, पौन के पहाड़े सुना सकता हूँ।" पूरे उत्साह में था।

"अरे व्वा। तो तू कुछ भी भूला नहीं ? शाबास।"

"अच्छा तू बैठ। एक मिनिट में आती हूँ।" तेजी से अंदर चली गई।

कुछ भी नहीं बदला था। वही गोबर-पीली मिट्टी से लिपा आँगन। उसी जगह रखा तख्त और दरी। आँगन से लगा बरामदा। चालिस साल पुरानी यादें लौट आईं।

"ले चाय पी," ट्रे में पानी, चाय, चीवड़ा, कचोरी, मिठाई आदि थी।

"इसकी क्या जरूरत थी ?"

"है क्यों नहीं ? कित्ते साल बाद तो तू आया है ? फिर अब का गया जाने कब आए ? ले खा।"

चीवड़ा खाते-खाते पूछने ही हिम्मत कर डाली, "आपने दूसरी शादी....?"

बड़ी-बड़ी आँखों की गहरी दृष्टि से कुछ पल ताकती रही, फिर लम्बी साँस ले कहा, "तो तुझे भी पता चल गया ? बाबूजी अम्मा के जीते जी ये कर सकती थी क्या ? फिर माया का भी तो सवाल था ? तू ही बता भला बदनाम तलाकशुदा की बहन को कौन ब्याहता ? सोचा मेरा जो होना था सो हो गया ? उसकी जिंदगी क्यों बरबाद हो ? अब तो आदत पड़ गई है अकेले रहने की।" फिर कुछ पल रुक तख्त को देखती बोली, "जानती नहीं ? क्या हैसियत है मेरी ? कुँवारी, ब्याहता या विधवा की ? दिन, महीना, साल बदल गए। दुनिया बदल गई। बस ठहर गई है तो औरत की जिंदगी। जिस प्रकार से ग्रामोफोन पर बज रही रिकार्ड की सुंई अटक जाती है, मेरी जिन्दगी की सुंई भी अटक-ठहर गई है।"

"मगर जीजी। ये सब बातें तो अब महत्वहीन हैं ?"

"अब है। वो भी कुछ के लिए ही ? आज से चालीस साल पहले ऐसा था क्या ? पारिवारिक रिश्तों और जुम्मेदारियों में बंधी बटी नारी क्या अकेले अपने बारे

में सोच कर स्वतंत्र निर्णय ले सकती थी ? अपने सोच के अनुरूप जीने की आजादी तो आजं भी नहीं है ?....चल छोड़। कहाँ का पचड़ा ले बैठी ? ले गरम कचोरी खा। तुझे अच्छी लगती है ना ?'' शरारती मुस्कान आँखों ओंठों से झांकने लगी।

तो जीजी भूली नहीं ? कचोरी सच में गरम और स्वादिष्ट थी। बड़ी ममता से मुझे खाते देखती रही।

''शैतानी, मस्ती करने की आदत अभी है कि भूल गया ?'' एक असमंजस उनके चेहरे पर उभरा, फिर बोली, ''क्यों रे। वो क्या तो भी तू ने गाया था....तारा ....ता....रा....।''

मैं घबरा गया। जल्दी से कचोरी खत्म कर व्यस्त-सा उठ खड़ा हुआ, ''अच्छा तो अब चलूँ जीजी। और भी दो चार जगह जाना है।'' झुक कर प्रणाम कर भाग खड़ा हुआ।

— □ —

बदलते संदर्भ

रजिस्ट्रार कार्यालय से शादी का लायसेंस और अपनी प्रिया के साथ जब बाहर निकला तो एक भीड़ ने घेर लिया। उनमें प्रशंसकों और आलोचकों के साथ ही उत्सुक तमाशबीन भी थे। वह साठ का दशक था, जब प्रेम विवाह एक अजूबा था। मेरे मित्रों की निगाह में प्रशंसा और ईर्ष्या दोनों थीं। मैं हीरो था, जो बनने का साहस उनमें न था। पर इच्छा जरूर थी, एक दबी कुंठा सी। उन्होंने मुझे हार पहनाए, प्रिया को मुस्कान सहित गुलदस्ते दिए। और बधाईयों की बौछार से हमें नहला दिया। फिर ताँगा मँगाया गया और उस होटल में पहुँचे, जहाँ शादी की पार्टी का आयोजन था। पार्टी बड़ी हँगामी रही। भाई लोगों ने चंदा कर हमारा सम्मान किया। जब तक पार्टी चलती रही, एक भीड़ होटल के बाहर जमी रही। पार्टी खत्म होते ही सब खिसक लिए। मैं, प्रिया, मालू दीदी और उनकी बिटिया चंचला रह गए। मालती दीदी हमारी मुँह बोली बहन थी। अब समस्या थी, जाएँ तो जाएँ कहाँ ? पिताजी ने घर के दरवाजे मुझ जैसे कपूत और खास कर प्रिया के लिए बंद कर रखे थे। और प्रिया के घर जाने का तो प्रश्न ही नहीं था ? उसके माता-पिता की निगाहों में हम थे एक खलनायक—उनकी इज्जत से खेलने वाले ?

अब हम ठोस जमीन पर थे।

"हाँ ? तो अब क्या इरादा है ?" मालू दीदी ने जानना चाहा।

"इरादा ?" हिचकिचाते हुए मैंने उत्तर दिया, "दीदी। किसी होटल-लॉज में रात गुजार लेंगे। सबेरे मकान-वकान ढूँढने का सिलसिला लगाऊँगा।"

"पागल हुआ है ? नई दुल्हन को लेकर होटल-वोटल जाएगा ? बहू को मैं कहीं नहीं ले जाने दूँगी ? चल हमारे घर !" साधिकार दीदी ने आदेश दिया।

"पर...दी...दी...हमारी खातिर आप क्यों परेशानी उठाती हैं ? कहीं पिताजी को...पता...चल गया...तो... ? वे आप पर भी बिगडेंगे ?...आप तो रहने ही दें... दीदी ?" मैंने हल्का सा विरोध जतलाने का प्रयत्न किया।

"मैं सब निपट लूँगी ? कौन होते हैं वे मुझे दबाने वाले ?" पर शायद मन ही मन वे भी डर रहीं थीं। फिर भी साहस से कहने लगीं, "ज्यादा से ज्यादा...क्या होगा ?...संबंध ही तोड़ लेंगे ना ?...तोड़ लें ?...तुम तो चलो दुल्हन ?" प्रिया का हाथ पकड़कर उन्होंने खींच लिया।

और उसके पल्लू से गाँठ बाँधे हम सिर नीचा किए खिंचे चले गए। दीदी के लाड़-स्नेह ने मुझे, विशेष कर प्रिया को एक बड़े संकट से उबार लिया। हम उनके प्यार से अभिभूत थे।

चलते-चलते चंचला ने मेरा हाथ पकड़ते हुए फुसफुसा कर कहा, "सच मामा ! मामी बड़ी सुंदर हैं। बधाई।"

मैं मुस्करा दिया। दीदी हमें अपने घर ले गईं। वर्षों से उनसे हमारा प्रगाढ़ पारिवारिक संबंध था। वे रहती थीं बंबई में और छुट्टियाँ बिताने यहाँ आ जाया करती थीं, अपनी माँ के पास।

प्रिया की गृहस्थी जमाने में उन्होंने बड़ी सहायता की। उन्हीं की मदद से नौकरी भी मिल गई मुझे। संघर्ष के उन दिनों में वे सदा हमारी हिम्मत बँधाती रहतीं। धीरे-धीरे जिंदगी एक व्यवस्थित ढर्रे पर चल निकली।

अगले पाँच सालों में प्रिया ने दो प्रेम-प्रसून-मुन्ना और गुड्डी प्रस्फुटित कर दिए। अब हमारी माँ, अपने को और अधिक न रोक सकीं। एक दिन पिताजी को ठेल-ठाल कर हमारे घर ले आईं।

"क्यों रे ?" उन्होंने गुड्डी को गोद में उठाते हुए हमें धमकाया, "इतना कठोर हो गया है तू ? अपने पिताजी से माफी माँगने नहीं आ सकता था ?"

"माँ...आ... ?" उत्तर देने की हमने कोशिश की।

"चुप रह तू ?"तुझे अच्छी तरह से जानती हूँ। आखिर ठहरा तो अपने बाप जैसा ही जिद्दी ना ? और बहू तुम...।" इसी बीच जल्दी से आगे बढ़ कर प्रिया ने पहले पिताजी के चरण छू कर आशीर्वाद लिया और तत्काल माँ के चरण छूने को झुकी, "बस-बस बेटी ! सदा सुहागन रहो। अरे ! तूने तो इस नालायक को जरा समझाना था।"

"मैंने तो कई बार इनसे कहा माताजी...पर...।" प्रिया ने सफाई दी।

"ठीक है...ठीक है...चलो घर चलने की तैयारी करो। मैं अपने इन फूल-से बच्चों को अब एक दिन भी इस गंदे घर-मुहल्ले में नहीं रहने दूँगी ? क्यों रे मुन्नू, ठीक है ना ?" उन्होंने मुन्ने को भी गोद में उठा लिया। दोनों बच्चों को प्यार करते करते उनकी आँखें नम हो आईं। फिर अचानक पलटीं, "और आप ! बैठे क्या हैं जी ?" उन्होंने पिताजी को टोका, "जाईए ! टेक्सी तो मँगाईए ?" माँ ने मुझे, प्रिया, पिताजी सभी को एक ही आदेश में लपेट लिया। वे मुन्ना-गुड्डी को प्यार भी करती जा रहीं थीं।

और ब्याज समेत मूलधन को लेकर बड़े उत्साह से हमें घर ले आईं। तब से हम माँ-पिताजी के साथ ही रहने लगे। और मजा देखिए साहब ! हम तो उनकी निगाह में नालायक ही बने रहे। हाँ ! उनकी प्यारी बहू और बच्चों का दर्जा जरूर बढ़ गया। खैर साहब ! हमने भी नालायकी का खिताब इसीलिए मंजूर कर लिया कि घर के बुद्धू को घर लौट आने का मौका जो मिल गया था। यह कोई घाटे का सौदा न था। गाड़ी अपनी चल निकली। थोड़े समय बाद प्रिया के घरवालों ने भी हम लोगों को माफ कर दिया। उनके यहाँ भी आना-जाना शुरू हो गया। अब हम और प्रिया एक भगोड़े प्रेमी-प्रेमिका नहीं रह गए। एक सद् गृहस्थ की श्रेणी में आ गए।

समय को पंख लग गए। साल पर साल बीतते चले गए। जमाना बदल गया। प्रेम-विवाह अजूबा नहीं रह गया। वह एक आम रिवाज बन गया। अब लोग प्रेम-विवाह पर अधिक आश्चर्य प्रकट नहीं करते थे। हमारे विवाह का मूल्य लोगों की निगाहों में गिर चुका था।

परिचय के दायरे छोटे-बड़े होते रहे। पर मालू दीदी से पारिवारिक संबंध बना रहा। मुम्बई से मैके आने पर मालू दीदी प्रिया से मिलने जरूर आती थीं। और उनकी नटखट चंचला जब भी आती प्रिया का भेजा खा जाती। देखते ही देखते वह बड़ी हो रही थी। पर उसके अल्हड़पन में किसी प्रकार की कमी नहीं आई थी। उसकी शोखी, खुलापन और उन्मुक्तता वैसी ही थी। बड़ी गरम जोशी से हम से मिलती। उसकी चाल-ढाल, बात्त-चीत, बनाव-सिंगार में एक बंबईया अंदाज था। हम लोग मुस्करा कर रह जाते। बंबई जाने के पहले दीदी मुझे और प्रिया को उनके यहाँ, बंबई घूमने आने का निमंत्रण देना न भूलतीं। हम से वायदा लेतीं कि बंबई आने पर उन्हीं के यहाँ ठहरेंगे। परंतु पारिवारिक, विशेषकर आर्थिक समस्याओं के कारण बंबई जाना न हो पाता था। अब प्रेम-विवाह का जोश भी ठंडा पड़ गया था। घुमाने-फिराने के जो सब्ज बाग प्रिया को दिखाए थे, गृहस्थी की वास्तविकता की जकड़न में हवा हो गए।

जब बॉस ने आफिस के काम से बंबई जाने का आदेश दिया तो सबसे पहले मालू दीदी का ध्यान आया। उनका पता पास था ही। जब मैं अचानक उनके यहाँ जा धमका तो उन्हें आश्चर्य और प्रसन्नता हुई।

"क्यों रे कैसे आना हुआ ? और प्रिया को क्यों नहीं ले आया ?"

"दीदी मैं तो आफिस के काम से आया हूँ। और अब प्रिया पक्की गृहस्थन बन गई है। घर से, बच्चों, माँ-पिताजी के कारण कैसे निकल सकती है। फिर आजकल माँ का स्वास्थ्य भी नरम-गरम रहता है। सो सारे घर का भार उसी पर है ? फिर कभी लेता आऊँगा। अब तो सरकारी काम से बंबई आता-जाता रहूँगा।" मैंने सफाई दी।

चाय-नाश्ते के साथ घर-परिवार, मुहल्ले के समाचार दीदी ने मुझसे खोद-खोद कर पूछे। इस सबसे निपटने के बाद मुझे चंचला का ध्यान आया।

''हाँ दीदी। चंचल नहीं दिखाई दे रही है ?''

''भई वह हॉस्टल में रहने चली गई है। तुम तो देख ही रहे हो बंबई में छोटे-छोटे फ्लेट्स हैं। कमरों की कमी के कारण उसे पढ़ाई-लिखाई में दिक्कत होती थी। सो मैंने उसे कस्तूरबा हॉस्टल में रख दिया। अपने काम से फुर्सत मिलने के बाद उससे मिलते आना।'' उन्होंने अपनी मजबूरी बता दी, ''अरे हाँ। उससे मिलने का समय साँझ चार से छः के बीच है। यह रहा उसका पता और फोन नंबर।''

दिन भर आफिस के काम में व्यस्त रहा। पाँच बजे के बाद फुर्सत हुई तो चंचला की याद आई। बस पकड़ कर सीधे उसके हॉस्टल जा पहुँचा।

''किससे मिलना है ?'' चौकीदार ने टोका।

''चंचला देसाई से ?''

''आप हॉल में ठहरिए। मैं अभी बुलाकर लाया।'' चौकीदार अंदर बढ़ लिया।

हॉल में एक लड़की किसी लड़के से घुलघुल कर बतिया रही थी। दूसरे कोने में पाँव हिलाते हुए कोई स्क्रीन पढ़ रही थी। बाल फैलाए, दो चोटियाँ बाँधे, लड़कियाँ आ जा रहीं थीं। थोड़ी देर तक हॉल का जायजा लेने के बाद मैं नोटिस बोर्ड पढ़ने लगा। अभी कुछ पल ही बीते थे कि ''हाय मामा'' के साथ मैं बाहों में भर लिया गया। वक्षस्थल का उभार मैंने अपनी पीठ पर अनुभव किया। और मैं हड़बड़ा गया। तेजी से पलटने की कोशिश की। सामने खड़ी चंचला मुस्कराए जा रही थी। स्लीव लेस गाऊन के नीचे से सफेद पेटीकोट झाँक रहा था। बाल करीने से बेतरतीब फैले हुए थे।

''हलो ममा ! कब आए ?''

''आज सुबह'', अपने को व्यवस्थित करते हुए मैं उत्तर देने लगा, ''हाँ ! तुम कैसी हो ?''

''फाइन ! मामू तुम मामी को साथ लाए या नहीं ?''

''नहीं भाई ! नहीं ला सका। आफिस के काम से आया हूँ ना ! दो-तीन दिन बाद चला जाऊँगा। फिर माँ की तबियत भी ठीक नहीं थी। इतने कम समय के लिए लाना ठीक नहीं समझा।'' दूसरी बार सफाई देनी पड़ी।

''और क्या प्रोग्राम है आपका ? मामा कल जरा जल्दी फ्री होकर आ जाईए ना ! पिक्चर दिखा लाना हमें ?''

''जरूर-जरूर ! कल मैं दीदी को भी साथ लेता आऊँगा। फिर मैं, तुम और दीदी, तुम्हारी पसंद की पिक्चर देख लेंगे ?''

''ओह नो ममा ! ममी को मत लाना ! वे बड़ा बोर करेंगी ?''

''ठीक है। तो फिर मैं चलूँ ?''

"तो फिर आप कल तीन बजे आ रहे हैं ना ? मैटनी शो में चलेंगे। मैं आपका इंतजार करूँगी ?"

"मैं जरूर आऊँगा ?" मैंने वायदा किया।

दूसरे दिन तीन बजे जब मैं हॉस्टल पहुँचा तो उसे बैचेनी से इन्तजार करते पाया। जीन्स, बनियान, जानबूझकर फैलाए बालों की वक्ष पर झूलती चोटी। मुझे देखकर वह प्रसन्न हो गई। ताली बजा कर स्वागत करते बोल पड़ी, "हाय ममा ! सच ! तुम कितने अच्छे हो।" मैं मुस्करा दिया।

पिक्चर हाऊस पहुँचने पर मैं टिकिट लेने चला गया। और जब लौटा तो पोर्च में उसे एक लड़के से बात करते पाया। चंचल ने तुरंत परिचय कराया, "मामा ! मीट मॉय बॉय फ्रेंड रसिक। ये मेरे साथ पढ़ता है। और रसिक ! ही इज मॉय अंकल जिनका जिक्र मैंने तुम से किया था।"

"हाऊ आर यू", मैंने हाथ मिलाया।

"फाइन अंकल !" हिप्पियों जैसे बाल, गेरूए रंग का कुर्ता, उड़े रंग की चुस्त जीन्स।

"आपके लिए टिकिट...।" मैं थोड़ा हिचकिचाया।

"डोन्ट वरी यार मामा ! उसके पास है।" उत्तर दिया चंचल ने।

छुटकारे की साँस लेते हुए मैंने पूछा, "तो फिर चलें ?"

हॉल के अँधेरे में हम तीनों खो गए। मैं गुमसुम पिक्चर देखता रहा। पिक्चर खत्म होने पर रसिक चला गया। चंचला और मैं हॉस्टल चल दिए। मेरे मन में एक कीड़ा बड़ी देर से कुलबुला रहा था। अपने को रोक न सका। हॉस्टल के लॉन पर पहुँचते ही मैंने टोका—

"चंचला ! मैं तुम से कुछ बात करना चाहता हूँ।"

"श्योर ममा !"

हम लॉन पर बैठ गए।

"चंचला ! तुम्हें...यह लड़का...क्या नाम है....तुम्हारा बॉय फ्रेंड...पसंद है ?"

"कौन रसिक मामा ?"

"हाँ...।"

"ओह ममा ! रसिक इज ए वेरी फाइन बॉय !" बच्चों-सी खुशी उसकी आँखों को आलोकित करने लगी, "रसिक मुझे बहुत अच्छा लगता है। यार ममा ! तुम्हें मालूम नहीं। ही इज ए व्हेरी गुड बेडमिंटन प्लेयर !"

"तुम ने उसे खत भी लिखे होंगे ?"

"हाँ ममा !" वह लजा गई।

"उसने जवाब भी दिए होंगे ?"

"जी...," वह सिमट गई, आखिर थी तो लड़की ही।

"कई बार साथ-साथ सिनेमा, पिकनिक, आऊटिंग पर भी गए होंगे ?"

"हाँ ! कई बार ! इसमें क्या हुआ ?" मेरे प्रश्नों से वह हैरान थी।

"तो फिर दीदी से, इसके साथ तुम्हारी शादी की बात करूँ ?"

"ओह ! नो ममा ! मैं उसके साथ शादी कैसे कर सकती हूँ ?" इस बार वह सच में परेशान थी।

उसके इस उत्तर ने मुझे हैरान कर दिया, "क्यों ? क्या रसिक तुम्हें पसंद नहीं ?"

"है ममा ! पर वह मेरा फ्रेंड है।"

"तो फिर !" मैं चकित था।

"अच्छा मामू ! अब मैं तुमसे एक सवाल पूछती हूँ ?"

"पूछो"।

"तुमने मामी से प्रेम-विवाह किया ना ?"

"हाँ"

"तुमने चोरी-चोरी मामी से खत-किताबत की थी ना ?"

"हाँ की थी।"

"चुपके-चुपके तुम मामी के घर-कालेज के चक्कर लगाते थे ना ?" शैतानी से उसका सारा चेहरा मुस्करा रहा था।

"हाँ ! पर तुम आखिर जानना क्या चाहती हो ? यह तो प्रेम की सामान्य प्रक्रियाएँ हैं।" हैरानी से मैंने उत्तर दिया।

"सच बताओ मामा ! इस सब में तुम लोग एक थ्रिल, एक रोमांच का अनुभव नहीं करते थे ?"

"करता था।"

"अब ईमानदारी से एक बात बताना मामा ? शादी के बाद क्या तुम्हें इस थ्रिल-रोमांच का अनुभव होता है ?" शैतानी उसकी आँखों से झाँकने लगी।

मैं हड़बड़ा गया, बरबस मेरे मुँह से निकल गया, "नहीं।"

"बस ममा ! यही मेरा उत्तर है। एक बात और कहूँ। बुरा मत मानना ! गलत भी मत समझना ! प्रेम में, चोरी की मुलाकातों, चोरी के चुंबनों में जो आनंद है, थ्रिल है, वह प्रेम-विवाह के बाद नहीं ?"

मैं आसमान से गिर पड़ा। कल की यह नन्हीं छोकरी मुझे हराने चली है। मैं हारना नहीं चाहता था।

"तो फिर शादी किससे करोगी ?"

"इस बारे में अभी सोचा नहीं है।" चंचला सोचने का अभिनय करने लगी, "ममी की....पसंद...का लड़का....यदि हमें भी पंसद आ गया...तो विवाह उससे किया जा सकता है।"

"तब फिर बॉय फ्रेंड और हसबेंड के बीच...संतुलन कैसे कायम करोगी ?"

"अरे यार मामू ! तुम बिलकुल बुद्धू हो," मेरी नाक को पकड़ कर उसने हिलाते हुए आगे कहा, "बॉय फ्रेंड इज ए बॉय फ्रेंड एंड हसबेंड इज ए हसबेंड। एक बात और बता दूँ मामा। यदि रसिक से मैंने शादी करली ना तो मेरा सारा थ्रिल मर जाएगा। और मैं इसके फेवर में नहीं हूँ। अच्छा ममा अब हम चले ?"

वह हिरनी सी छलाँगे मारती हॉस्टल में दौड़ गई।

मैं स्तब्ध बैठा रहा। लगा बॉय फ्रेंड और हसबेंड के बीच नारी ही संतुलन रख सकती है। मुझे अहसास हुआ कुछ वर्षों में संदर्भ बदल चुके हैं। मैंने प्रेम-विवाह कर पिताजी द्वारा नियोजित विवाह की खिल्ली उड़ाई थी। उन्हें अप्रगतिशील, दकियानूस कहा था। आज की विद्रोहिणी तो चंचला है और मैं हूँ एक रूढ़ीवादी दकियानूस जो बॉय फ्रेंड और हसबेंड के अंतर को नहीं समझता।

— □ —

छबि भंग

उपन्यास की पांडुलिपि प्रेस में भेजने के पहले अंतिम रूप से सरसरी निगाह फेर रहा था। तभी श्रीमती जी ने डाक लाकर रख दी। जीवन बीमा निगम की किश्त भरने का स्मरण पत्र, प्रकाशक का पांडुलिपि शीघ्र भेजने का अनुरोध, नगर की एक संस्था द्वारा उनके वार्षिकोत्सव में मुख्य अतिथि के रूप में शिरकत करने संबंधी पत्रों के बीच नीला एरोग्राम अलग से बरबस ध्यान खींच रहा था। शायद किसी उत्साही विदेशी पाठक ने रचना से प्रभावित हो अनुकम्पा की है। मन को अच्छा लगा। भेजने वाले का पता पढ़ने के लिए लिफाफे का निरीक्षण किया। सारी सीलें भारतीय थीं। उत्साह ठंडा पड़ गया। बाएँ कोने पर सिर्फ दो अक्षर थे–विनी। कौन हो सकती है ? कुछ पल विनी को निहारता रहा। स्मृति पर जोर देने पर भी पहचान नहीं पा रहा था। लिफाफा खोला। आजकल जिनका अभाव है वैसे अक्षर मोती जैसे चमक रहे थे। शायद लेखिका भी सुंदर होगी ?

'निश्चय ही चार से अधिक दशकों बाद मेरा पत्र पाकर तुम्हारा चौंकना स्वाभाविक है। इन चालीस सालों में मुझे भूल गए हो तो आश्चर्य नहीं ? पर तुमने मुझे अपने को भूलने नहीं दिया। तुम हमेशा मुझसे मिलते रहे हो। अपनी कहानियों-उपन्यासों के जरिए। सच ! तुम्हारी रचनाएँ पढ़ बड़ा अच्छा लगता है। अपने कालेज जीवन के सहपाठी ने साहित्य में महत्त्वपूर्ण उपस्थिति दर्ज कराई है। तुम पर मुझे ही नहीं तुम्हारे जन्म के शहर को भी नाज़ है।

तुम तो अपने कस्बानुमा शहर को छोड़ महानगर में बस गए। पर यहाँ के लोगों को तुम पर गर्व है। हम लोग जन्मभूमि के मोह से अभी भी बँधे हैं। खैर ! छोड़ो इन बातों को। जानती हूँ तुम्हारा समय कीमती है। शायद किसी नए उपन्यास या कहानी में व्यस्त हो ? अभी तक का लिखा पहेली लग रहा होगा ? जनाब मैं हूँ तुम्हारी क्लासमेट। तुम्हारे मित्र, एलन देवेन्द्र माने देबू की बहन विनी–विनीता। अब तो पहचाना ?'

हे भगवान् ! तो ये खत विनी का है ? आसमान से गिरा। देबू मुझसे दो साल सीनियर था। विनीता जरूर मेरे साथ थी। वे लोग इंडियन क्रिश्चियन्स थे। उनके पिताजी संमुअल जगन्नाथ कान्वेंट में प्रिंसिपल थे। आज से चालीस साल पहले कस्बेनुमा शहर में किसी लड़की का साइकिल चलाना अजूबा था। अधिकांश लड़कियाँ पैदल ही कालेज आती थीं। उस समय बाबकट विनी फ्राक में साइकिल पर आती। थी तो साँवली-सलोनी पर नाक-नक्श तीखे और आकर्षक थे। तराशी प्रतिमा सी। उन दिनों तो नहीं आज कह सकता हूँ विनी महाकवि कालिदास की नायिका 'तन्वी श्यामा शिखर दशना पक्व बिंबा धरोष्ठी मध्ये क्षमा चकित हरिणी प्रेक्षणा निम्न नाभिः' सी सुंदर थी।

मैं ही क्यूँ सारा कालेज जब भी उसके आने का वक्त होता गेट पर इंतजार करता। हमारे प्रति लापरवाही प्रदर्शित करते हुए वह निकल जाती। साइकिल स्टैंड का नन्दू दौड़ कर उसकी साइकिल थाम लेता। इठलाती हुई विनी क्लास या गर्ल्स कामन रूम में चली जाती।

'मैं जानती हूँ तुम मुझसे बात करने, मित्रता करने को लालायित रहते थे। परंतु शायद देबू के कारण तुम्हारी हिम्मत नहीं होती थी। जो कुछ तुम कह नहीं पाते थे उसे मैंने तुम्हारी आँखों में पढ़ लिया था। देबू भैया से मिलने के बहाने घर भी आते थे। कुछ देर गेट के बाहर खड़े रहते। देबू से ही नहीं पापा से भी डरते थे। बाहर लान में कुर्सी डाले मैं पढ़ती रहती। सहमते-डरते अंदर आते। बरामदे में झूले पर बैठ बतियाते तो तुम देबू से थे परंतु तुम्हारी निगाहों की चुभन अपनी देह पर अनुभव करती थी। मुझ जैसी चुप्पी से इतना बेबाक खत निश्चय ही तुम्हें हैरत में डालेगा ?'

सच ! शर्मीली विनी के खत ने मुझे हैरान कर दिया। इसमें कोई संदेह नहीं वह क्रिश्चियन थी। पर थी तो हिंदुस्तानी। भारतीय संस्कार उसके खून में थे। वेष-भूषा, रहन-सहन, अंडे-आमलेट, ब्रेड-बटर, केक-पेस्ट्री, काँटे-छुरी के इस्तेमाल में ही वे अंग्रेज थे। उनमें पीना-पिलाना भी होता था। किंतु भारतीय संस्कार उनमें कहीं न कहीं गहरे तक थे।

हैरान होने का एक कारण और भी था। कहानीनुमा यह खत भेजने पर उसे परेशानी हो सकती है ? कहीं उसके पति और बच्चों को पता चल गया तो ? बेकार में घर में एक तनाव पैदा हो जाएगा ? जबकि हमारे बीच ऐसा कुछ नहीं है। इन चालीस बरसों में मैं तो सच उसे भूल ही गया था। फिर उम्मीद भी नहीं थी कि वह अभी भी उसी शहर में होगी ? मेरे हिसाब से तो उसे अपने पति के शहर में होना चाहिए। या विदेश में। जब भी उसके घर गया सुनने को मिला कि चर्च की मदद से उसके पापा देबू और उसे अमेरिका या कनाडा भेजने की योजना बना रहे हैं। लगता है यह संभव नहीं हो पाया। शायद शादी भी शहर के किसी क्रिश्चियन

परिवार में हो जाने से दोनों पति-पत्नी वहीं बस गए हैं।

'निश्चय ही तुम मेरे घर-परिवार के बारे में और अधिक जानने को उत्सुक होगे। देबू तो इन दिनों अपने परिवार के साथ भोपाल में है। मामा ज्यादातर उसी के साथ रहती हैं। देबू और उसकी पत्नी मारिया सर्विस में हैं। मामा उनके बच्चों की देखभाल करती हैं। कभी-कभी मेरे पास भी आ जाती हैं। तुम तो बी.ए. के बाद एम.ए. की पढ़ाई के लिए बाहर चले गए थे। मैंने बी.टी. किया और पापा के कान्वेंट में टीचर बन गई। जब बी.टी. कर रही थी तभी दुर्भाग्य से ब्रेन हेमरेज से पापा शांत हो गए। खुदा उनकी आत्मा को शांति दे। फिर उनकी जगह प्रिंसिपल बनी।'

मेरा दिल धड़क उठा। विनी ने सब कुछ तो लिखा पति के बारे में कुछ क्यों नहीं लिखा ? क्या अभी भी मदर मेरी के समान वर्जिन है ?

'लो ! सारी रामायण तो लिख दी। इतने साल बाद तुम्हें खत क्यों लिख रही हूँ ? यह तो लिखा ही नहीं ? तो जनाब सुनिए। खत लिखने का असली मकसद जूली है। मेरी भतीजी। मेरे समान वह भी तुम्हारी रचनाओं की जबरदस्त फेन है। जब भी तुम्हारी कोई रचना छपती है दौड़कर मुझे बताती है। जिस कालेज में हम पढ़ते थे उसी में वह भी पढ़ रही है। लायब्रेरी से तुम्हारी कृतियाँ पढ़ने को लाती है। मुझे भी पढ़ने के लिए देती है।

जब मैंने बताया कि तुम मेरे सहपाठी रह चुके हो और हमारे घर तुम्हारा आना-जाना था तो पहले तो उसे विश्वास ही नहीं हुआ। कहना तो मैं चाहती थी कि मेरे व्यक्तित्व से तुम बेहद प्रभावित थे। पर उस लड़की को बताना उचित नहीं समझा। वह हमेशा कुरेद-कुरेद कर पूछती रहती है, 'आंटी ! क्या सच वो अपने घर आते थे ? आपके साथ पढ़ते थे ? आप लोग तो खूब बातें करते होगे ?' उसे कैसे बताती कि मुझसे बातें करने में तुम कितना डरते-हिचकते थे ?

'अरी पगली ! उन दिनों वो कोई इतना बड़ा लेखक थोड़े ही था ? इतना बड़ा तो क्या वो लेखन का क, ख, ग भी नहीं जानता था। साधारण परिवार का साधारण-सा दुबला-पतला मरियल-सा लड़का था। लड़कियों—खासकर मुझसे तो बात करने में भी डरता था। हम लड़कियाँ गर्ल्स कामन रूम में उसे लेकर खूब हँसी-मजाक करते थे।'

हैरानी उसकी बड़ी-बड़ी आँखों से टपकने लगी।

पर सच कहूँ। उसके सामने तुम्हारी आज की छबि और व्यक्तित्व हैं। तुम्हारी कलम के जादू से अभिभूत है। इसीलिए उसे मेरी बातों पर विश्वास नहीं होता। अब क्या कहूँ ? तुमसे मिलने के लिए मेरे पीछे पड़ गई है। मेरी खातिर तुम्हें समय देना ही पड़ेगा ?'

विनी की हुक्मउदूली मेरी बस में नहीं थी। डायरी देख कर समय दे दिया।

उसका पत्र पाकर बड़ा अच्छा लगा था। मिलने को उत्सुक था। लिख भी दिया कि दोपहर का चाय-नाश्ता मेरे साथ ही लेगी। उसके आने तक के दिन एक तनाव में गुजारे। मेरे लेखन से तो प्रभावित थी ही अपनी जीवन शैली से भी कायल करना चाहता था। ड्राइंग रूम की खिड़की दरवाजों के पर्दे बदलवा दिए। केक-पेस्ट्री, ब्रेड-बटर, फलों के साथ ही टी सेट का इंतजाम किया। ढेर सारी बातें करने का तय कर लिया।

"क्या बात है भई ? कौन वी.आई.पी. आ रहा है ?" श्रीमतीजी ने छेड़ा।

"कुछ नहीं ? चालीस साल पहले साथ पढ़ने वाली विनी आ रही है। बेहद सुंदर है।" मेरी आत्मा में बैठी उसकी छबि बोली।

"तो ऐसा बोलिए ना ! गर्लफ्रेंड आ रही हैं ?" उन्होंने फिर छेड़ा।

"अरे नहीं भाई ? कुछ भी बोलती हो ? मैडम ! उनकी भतीजी जूली हमारी प्रशंसिका है। उसे मिलाने ला रही है।" हमने सफाई दी।

दोपहर के भोजन के बाद कुछ देर झपकी लेने की आदत है। उस दिन सो नहीं पाया। स्वागत हेतु दो बजे से ही तैयार हो गया। आनेवाली वो तीन बजे थी। बेचैनी से बार-बार घड़ी देखता। सवा तीन तक काल बेल नहीं बजी तो निराशा छाने लगी। शायद, नहीं आएगी ? तभी घंटी बजी। अपने को संयत कर दरवाजा खोला।

बॉबकट, बढ़िया स्कर्ट ब्लाऊज में हँसती-मुस्कराती बेहद खूबसूरत लड़की के साथ एक स्थूलांगी प्रौढ़ा मुस्करा रही थी। डाई किए बाल, पसरी कमर, भारी मेकअप किए चेहरा। कस कर बाँधी साड़ी के बावजूद देह का ढीलापन साफ नजर आ रहा था।

"ऐसे क्या देख रहे हो ? पहचाना नहीं ? पहचानोगे भी कैसे ? चालीस साल बाद इस जूली के कारण मिल रहे हैं। यह पीछे नहीं पड़ती तो शायद मिलते भी नहीं ?"

तो प्रौढ़ा विनी है ? इतने सालों से आत्मा में बसी तन्वी श्यामा की मूर्ति खंडित हो गई।

"क्या दरवाजे पर ही खड़ा रखने का इरादा है ?" विनी ने शिकायत की।

"अं...हं...आं...न...हीं....नहीं अंदर आइए ना ?" हकलाहट पर काबू पा आमंत्रित किया।

"जूली ! ये है हमारा दोस्त मुन्नू ! तेरा प्रिय लेखक। जो कुछ पूछना हो पूछ ले।" कालेज के दिनों की चुप्पी बेतकल्लुफी से बतिया रही थी। सोफे पर बैठते-बैठते बोली, "व्वॉ ! ड्राइंग रूम तो बढ़िया सजाया है। किताबें भी खूब हैं। सच कहा जाए तो बंगला भी तुमने शानदार बनवाया है। पोर्च में खड़ी मारुति भी शायद तुम्हारी ही है ?" सोफे पर वो आराम से बैठ चुकी थी, "जो कुछ पूछना हो पूछ ले अपने अंकल से ?"

जूली अभिभूत थी। लगा जूली ही नहीं विनी खुद एक बार फिर सामने आ

बैठी है। उसकी बगल में कोई अजनबी है। संकोच और लज्जा के कारण जूली एकदम कुछ पूछ नहीं पाई। नत नयन सिर चुपचाप बैठी रही।

"अरे शर्मा मत जूली ? मुन्नू अपना ही है। इससे क्या शर्माना ? देख ! अभी भी मेरे सामने कुछ भी बोलने की इसकी हिम्मत नहीं हो रही है ? कालेज के दिनों में भी चुप्पा था। बस आँखों से ही बतियाता था। मैं ठीक कह रही हूँ ना मुन्नू ?"

स्वीकृति में मैंने सिर हिलाया। तभी श्रीमतीजी नाश्ता और चाय की ट्रे ले आईं। मैंने परिचय कराया।

"व्वॉ ! तुझे अभी तक याद है कि केक-पेस्ट्री मेरी खास पसंद है ? धन्यवाद। देख जूली मैं ना कहती थी हर क्रिसमस-ईस्टर पर ये हमारे यहाँ केक-पेस्ट्री खाने आता था। आते थे ना तुम ?"

तन्वी श्यामा जूली चकित हरिणी प्रेक्षणा नयनों से कभी किताबों को कभी मुझे ताक रही थी।

"अरे पूछती क्यों नहीं ? घर पर तो जान खाए जा रही थी कि उनसे ये पूछूँगी ? वो पूछूँगी ? वे उत्तर तो देंगे ना ? और अब चुप्पी ओढ़े बैठी है। इससे क्या डरना ? ये तो अपना मुन्नू है।"

"इतने बड़े लेखक के साथ रहने पर आपको कैसा लगता है आंटी ?" शर्माते हुए जूली ने मुझसे तो नहीं श्रीमती जी से पूछा।

एक पल के लिए वे अचकचाईं फिर मुस्कराते हुए उत्तर दिया, "मुझे तो कुछ नहीं लगता। हाँ ! इनकी हर रचना छपने के पहले मैं पढ़ती जरूर हूँ। और उसकी गलतियों से भी अवगत कराती हूँ।"

उत्तर से हैरान जूली मुझे ताकने लगी। इस प्रकार के उत्तर की उसे उम्मीद नहीं थी।

मैं क्या जवाब देता ? चुपचाप मुस्कराता रहा। खाना-पीना खत्म हो चुका था। अपनी घड़ी को ताक विनी ने इजाजत माँगी, "अच्छा चलते हैं मुन्नू। तुम्हारा बहुत समय लिया। एक काम करो। इसे अपना नया उपन्यास ऑटोग्राफ करके दे दो।"

अलमारी से सद्यः प्रकाशित उपन्यास निकाला।

"उस पर कुछ लिखिएगा भी अंकल।" जूली ने मनुहार की।

उस पर लिख कर ऑटोग्राफ कर उपन्यास जूली को दे दिया। सिर माथे पर उसे लगा मैंने क्या लिखा है पढ़ने लगी।

"आपके श्रीमानजी... ?" हिचकिचाते मैंने जानना चाहा।

"अरे भाई ! क्या बताऊँ ? अभी भी मिस ही हूँ। पापा के न रहने पर मामा को नर्वस ब्रेक डाउन हो गया। बिस्तर पकड़ लिया। नौकरी के सिलसिले में एलन बाहर रहता था। उसकी शादी नहीं हुई थी। मामा की देखभाल जरूरी थी। उनमें और नौकरी में ऐसी व्यस्त हुई कि शादी का ध्यान ही नहीं रहा। अरे जूली ! देखूँ

तो क्या लिखा है इसने ?" विनी ने उससे किताब छीन ली।

"व्वॉ...व्वॉ...क्या लिखा है ? खूबसूरती को बदसूरत होते देखने से बड़ा दुःख इस संसार में नहीं। व्वॉ भाई। तुम सच्चे सौंदर्य प्रेमी हो। सुन जूली ! ये क्या बताएगा जो मैं बता रही हूँ। हर साहित्यकार सौंदर्य प्रेमी होता है। सदा उसी की तलाश में रहता है। आयु इसमें बाधक नहीं होती। मैं कहती थी ना जूली मुन्नू कालेज के दिनों से ही सौंदर्य प्रेमी रहा है।" मुस्कराते शरारती नजरों से बोली, "अच्छा चलते हैं मुन्नू। समय देने के लिए धन्यवाद।"

— □ —